World

Wide

Rechts

Rechtsextremismus auf Social Media

Inhaltsverzeichnis

Einleitung

In einer Zeit, in der die politische Landschaft von extremen Strömungen erschüttert wird, hat sich die „Neue Rechte" von einer marginalen Bewegung zu einer der mächtigsten und gefährlichsten Kräfte im globalen Diskurs entwickelt. Was vor wenigen Jahren noch als Randphänomen galt, ist heute ein weltweit agierendes Netzwerk, das die digitale Revolution für seine eigenen, teils zerstörerischen Zwecke nutzt. Inmitten einer Ära, in der Social Media die Art und Weise, wie wir kommunizieren, denken und handeln, revolutioniert hat, hat die „Neue Rechte" dieses Terrain nicht nur erobert, sondern es zur entscheidenden Waffe in ihrem Kampf gegen die liberale Demokratie gemacht. Social Media – einst als Plattform für Unterhaltung und sozialen Austausch gedacht – ist längst zu einem Schlachtfeld geworden, auf dem Ideologien mit atemberaubender Geschwindigkeit verbreitet und Gesellschaften polarisiert werden. Plattformen wie Meta (ehemals Facebook), X (ehemals Twitter), YouTube, Telegram und TikTok sind für die Neue Rechte nicht nur Kanäle zur Verbreitung ihrer Botschaften, sondern die Werkzeugkiste, mit der sie die öffentliche Meinung manipulieren, Hass schüren und radikale Visionen einer „wahren Gesellschaft" durchsetzen. Sie nutzen gezielte Werbung, gezielte Desinformation und die emotionale Kraft viraler Memes, um weltweit Millionen von Menschen zu erreichen und sie in den Bann ihrer Ideologie zu ziehen. Die Nutzung von Algorithmen und Datenanalysen hat es ihnen ermöglicht, Inhalte zu verbreiten, die wie Brandstiftung wirken, ganze Bevölkerungsgruppen zu spalten und politische Landschaften zu verändern. Ein gefährlicher Aspekt dieser digitalen Revolution ist, wie leicht es für ahnungslose Nutzer:innen wird, in die „Rechten Algorithmen" einzutauchen. Was mit dem Ansehen eines harmlosen Videos beginnt, kann schnell dazu führen, dass der Nutzer:innen unbewusst immer weiter in den Strudel rechtsextremer Inhalte gezogen wird. Diese Videos nutzen unterschwellige Botschaften und psychologische Taktiken, um Gedanken und Überzeugungen zu beeinflussen, ohne dass der Nutzer:innen es sofort merkt. So werden Jugendliche und junge Erwachsene Stück für Stück mit einer Ideologie konfrontiert, die von

Anfang an harmlos erscheint, sich aber immer tiefer in ihre Denkmuster eingräbt. Social Media wird so zu einem Werkzeug der Manipulation, das ganze Zielgruppen ohne ihr Wissen in die Nähe extremistischer Ansichten rückt. Das Scheitern der Ampel-Koalition und die politische Unsicherheit in Deutschland bieten der Neuen Rechten zusätzlichen Raum zur Mobilisierung. Die Unsicherheit und Unzufriedenheit vieler Bürger mit der derzeitigen politischen Führung, besonders in Bezug auf die Themen Migration, Klimapolitik und Wirtschaft, werden gezielt ausgenutzt. Dies zeigt sich auch in der Reaktion der AfD auf politische Entwicklungen, wie beispielsweise der Verwendung des Jugendworts „Talahon" im Bundestag. Die AfD nutzt dieses Wort, das in den sozialen Medien eine Bedeutung erlangt hat, als Teil ihrer Strategie, die Jugend und vor allem deren unbewusste Zustimmung zu ihren Ideologien zu gewinnen. Sie schafft ein Feindbild, indem sie die angeblich „ideologische Verwirrung" der jungen Generation thematisiert und gleichzeitig ihre eigene Bewegung als Rettung vor dieser kulturellen und politischen Verwirrung darstellt. Die „Neue Rechte" agiert nicht mehr nur lokal, sondern überwindet nationale Grenzen, um ihre rassistischen, nationalistischen und antidemokratischen Botschaften zu verbreiten. Sie ist keine Bewegung, die sich auf ein einzelnes Land oder eine Region beschränkt. Sie ist global vernetzt und hat sich von den europäischen Grenzen bis in die USA ausgebreitet, wo sie strategische Allianzen schmiedet und gemeinsame Feindbilder formuliert. Ihre transnationale Vernetzung macht sie zu einer gut organisierten und gefährlichen Kraft, die in der Lage ist, den globalen Diskurs über Migration, Souveränität und Identität zu dominieren und sich gegen alles zu stellen, was sie als Bedrohung für ihre Vision einer „wahren" Gesellschaft ansieht. Die digitale Revolution hat die politische Kommunikation verändert und neue Möglichkeiten für politische Mobilisierung geschaffen. Gleichzeitig hat sie aber auch die Tür geöffnet für die Verbreitung von extremistischen Ideologien, die in der traditionellen Medienlandschaft nur schwer Gehör finden würden. Die „Neue Rechte" hat diese Lücke erkannt und ihre Kampagnen meisterhaft auf den digitalen Raum ausgeweitet. Plattformen wie TikTok, Instagram und Meta sind zu Kanälen geworden, auf denen junge Menschen mit politisch manipulativen Inhalten konfrontiert werden, die in gewiefter Weise als „normale" politische Thesen verpackt sind. Soziale Netzwerke, die einst zur Unterhaltung und zum Austausch dienten, haben sich in ein gefährliches Werkzeug verwandelt, das es extremistischen Gruppen ermöglicht, die Gesellschaft zu beeinflussen, junge Anhänger:innen zu gewinnen und die politische Agenda zu verändern. Was zunächst wie ein unsichtbarer Krieg hinter den Bildschirmen begann, hat sich nun in die realen politischen Auseinandersetzungen der westlichen Welt übertragen. In Deutschland haben Bewegungen wie Pegida und die AfD gezeigt, wie Social Media nicht nur zur Verbreitung von Ideen genutzt werden kann, sondern als Plattform für die Organisation von Protesten, der Rekrutierung neuer Anhänger:innen und der Schaffung eines öffentlichen Drucks. Internationale Ereignisse wie der Brexit und die Wahl von Donald Trump haben die schlagkräftige Wirkung von Social Media in der politischen Mobilisierung noch einmal verdeutlicht – und die politische Diskussion auf eine neue, oft radikale Ebene gehoben.

Wie wurde Social Media zur zentralen Waffe der rechten Szene?

Theoretische Grundlagen und Hintergründe

Die Einleitung hat die zunehmende Bedeutung der Neuen Rechten im digitalen Raum und die Rolle von Social Media als Werkzeug für politische Kommunikation skizziert. Social Media bezeichnet digitale Plattformen, die es Nutzer:innen ermöglichen, Inhalte zu erstellen, zu teilen und miteinander zu interagieren. Beispiele hierfür sind Meta (ehemals Facebook), X (ehemals Twitter), Instagram, YouTube, TikTok und Telegram. Diese Plattformen spielen eine zentrale Rolle in der modernen politischen Kommunikation, da sie nicht nur als Kanäle zur Informationsverbreitung, sondern auch als Werkzeuge zur politischen Mobilisierung und zur Schaffung von Diskursen dienen. Um ein tieferes Verständnis für diese Entwicklung zu gewinnen, ist es nun notwendig, die theoretischen Grundlagen zu betrachten, die diese Prozesse unterstützen. Das folgende Kapitel untersucht, wie Social Media als Plattform für politische Kommunikation funktioniert und welche Auswirkungen diese Plattformen auf die Gesellschaft und die politische Landschaft haben. Dabei wird besonders beleuchtet, wie Social Media die Art und Weise verändert hat, wie politische Akteure ihre Botschaften verbreiten und welche Dynamiken dadurch entstehen.

Die Rolle von Social Media in der politischen Kommunikation

Social Media hat sich in den letzten Jahren als bedeutende Plattform für politische Kommunikation etabliert. Diese Plattformen bieten nicht nur die Möglichkeit, Inhalte zu teilen und zu konsumieren, sondern fördern auch eine aktive Teilnahme der Nutzer:innen, was ihnen eine enorme Bedeutung in der politischen Landschaft verleiht. Die Fähigkeit, Inhalte schnell zu verbreiten und direkte Interaktionen zwischen politischen Akteur:innen und Wähler:innen zu ermöglichen, hat Social Media zu einem wichtigen Instrument für Bewegungen und Kampagnen gemacht, die nicht auf traditionelle Medien angewiesen sind. In einer Ära, in der die digitale Kommunikation eine zunehmend dominierende Rolle spielt, ermöglicht Social Media den Zugang zu einer breiten Öffentlichkeit und erleichtert die Mobilisierung von Unterstützern auf globaler Ebene. Ein entscheidender Vorteil ist, dass die Plattformen eine direkte Ansprache des Publikums ermöglichen, ohne dass Zwischenhändler wie Journalisten oder politische Institutionen erforderlich sind (vgl.Boulianne, 2015).

Ein herausragendes Beispiel für die positive Nutzung von Social Media ist die „Fridays for Future"-Bewegung. Diese globale Jugendbewegung, die 2018 ins Leben gerufen wurde, nutzt Social Media gezielt, um das Bewusstsein für den Klimawandel zu erhöhen und eine Generation zur politischen Teilhabe zu ermutigen. Mithilfe von Hashtags wie #FridaysForFuture und #ClimateStrike gelang es, weltweit Millionen von Menschen zu mobilisieren, die in unzähligen Städten auf der ganzen Welt für den Klimaschutz demonstrierten (vgl. Thunberg, 2019). Social Media war es, dass es diesen Jugendlichen ermöglichte, ihre Botschaften ohne die Vermittlung durch traditionelle Medien zu verbreiten, und gleichzeitig eine weltweite Protestbewegung ins Leben zu rufen. Die Plattformen boten nicht nur eine breite Reichweite, sondern auch die Möglichkeit, schnelle und effektive Aktionen zu koordinieren – vom Teilen von Event-Informationen bis hin zur Verbreitung von Aufrufen zu politischen Forderungen.

Darüber hinaus haben Plattformen wie Change.org und Avaaz das Potential von Social Media in politischer Hinsicht weiter vergrößert, indem sie es den Nutzer:innen ermöglichen, mit wenigen Klicks Petitionen zu erstellen und viral zu verbreiten. Diese Plattformen bieten eine direkte Möglichkeit, öffentliche Aufmerksamkeit auf wichtige gesellschaftliche und politische Themen zu lenken. Ein herausragendes Beispiel für die Wirkung von Social Media in diesem Bereich war die Petition zur Rettung des Hambacher Forsts, die binnen kürzester Zeit hunderttausende Unterschriften sammelte und somit erheblichen politischen Druck auf Entscheidungsträger ausübte (vgl. Boulianne, 2019). Solche Petitionen sind oft der erste Schritt, um Diskussionen anzuregen und politische Entscheidungen zu beeinflussen, da sie eine breite, öffentliche Unterstützung für bestimmte Anliegen mobilisieren können.

Social Media hat die politische Landschaft insgesamt verändert, indem es eine Demokratisierung der Kommunikation ermöglichte. Es hat marginalisierten Gruppen und Bewegungen, die in traditionellen Medien keine Plattform gefunden hätten, die Möglichkeit gegeben, ihre Stimme zu erheben und Einfluss auf die politische Agenda zu nehmen. Ob es nun um den Klimawandel, soziale Gerechtigkeit oder den Widerstand gegen politische Ungerechtigkeiten geht, Social Media hat es Aktivisten und Bürgern ermöglicht, sich direkt an ihre Zielgruppen zu wenden und politische Veränderungen voranzutreiben. Diese Demokratisierung des politischen Diskurses hat das Potenzial, das politische Engagement zu fördern und den öffentlichen Dialog zu bereichern, da auch weniger etablierte Akteure und Ideen Gehör finden.

Doch diese Demokratisierung birgt auch Herausforderungen. Während Bewegungen wie „Fridays for Future" Social Media erfolgreich zur Förderung ihrer Ziele eingesetzt haben, wird dieselbe Plattform von extremistischen Gruppen wie der „Neuen Rechten" genutzt, um ihre radikalen Ideologien zu verbreiten und die Gesellschaft zu spalten. Social Media ist sowohl ein Werkzeug der ermächtigten Teilhabe als auch der Manipulation. Diese Plattformen bieten nicht nur die Chance, Gesellschaften zu stärken, sondern auch die Gefahr, Fehlinformationen und Hass zu verbreiten, die die politische Kommunikation destabilisieren.

Die Follower:innenzahlen der Bundestagsparteien auf Social Media zeigen deutliche Unterschiede in Reichweite und Plattformstrategien. Mit insgesamt 2,66 Millionen Follower:innen führt die AfD das Ranking deutlich an. Die Partei ist besonders stark auf Meta (ehemals Facebook) und Telegram vertreten, wo sie Hashtags wie #AfDwirkt und #MutzurWahrheit einsetzt, um ihre Reichweite zu erhöhen und gezielt Anhänger:innen zu mobilisieren.

Auf dem zweiten Platz liegt Bündnis 90/Die Grünen mit 1,43 Millionen Follower:innen. Die Grünen konzentrieren sich auf Instagram und X (ehemals Twitter) und thematisieren dort vor allem Klimapolitik und gesellschaftliche Vielfalt. Trotz ihrer aktiven Social-Media-Präsenz bleiben sie deutlich hinter der AfD zurück.

Die SPD kommt mit rund 1 Million Follower:innen auf den dritten Platz. Obwohl sie eine historische Volkspartei mit großer Mitgliederbasis ist, erreicht sie online weniger Menschen als die Grünen oder die AfD. Ihre Aktivität auf Plattformen wie Meta und X zeigt dennoch eine konstante Präsenz.

Die CDU verzeichnet etwa 900.000 Follower:innen und hat eine hohe Aktivität auf Social Media. Allerdings bleibt ihre Reichweite insbesondere auf X hinter den anderen Parteien zurück.

Die FDP folgt mit ungefähr 800.000 Follower:innen und nutzt Social Media gezielt, um Themen wie Digitalisierung und Wirtschaft zu promoten. Trotz ihrer vergleichsweisen kleineren Reichweite erzielt die Partei hohe Engagement-Raten, was auf eine effektive Nutzung der Plattformen hinweist. Diese Zahlen verdeutlichen, dass die Parteien unterschiedliche Strategien und Schwerpunkte bei der Ansprache ihrer Zielgruppen auf Social Media verfolgen, was sich direkt in ihrer Reichweite und dem Engagement ihrer Follower:innen widerspiegelt.

Die Rolle von Social Media in der politischen Kommunikation zeigt, wie mächtig diese Plattformen als Werkzeuge zur Verbreitung politischer Inhalte sind. Die Möglichkeit, direkt mit einer breiten Öffentlichkeit zu kommunizieren, hat das politische Engagement revolutioniert. Allerdings bringt die schnelle Verbreitung von Inhalten auch die Gefahr mit sich, dass Meinungen manipuliert und gesellschaftliche Diskurse verzerrt werden. Im nächsten Abschnitt wird der Einfluss von Social Media auf die Meinungsbildung der Öffentlichkeit untersucht. Es wird erörtert, wie diese Plattformen die politische Landschaft verändern und welche Folgen dies für die demokratische Auseinandersetzung hat.

Einfluss auf die Öffentlichkeit und die Meinungsbildung

Eine der wichtigsten Aspekte, die Social Media bietet, ist der Einfluss auf die Meinungsbildung. Plattformen wie X (ehemals Twitter) und Meta (ehemals Facebook) ermöglichen es Nutzer:innen, Informationen in Echtzeit zu verbreiten und auf aktuelle Ereignisse zu reagieren. Dies fördert einen breiten Diskurs und ermöglicht es einer Vielzahl von Stimmen, Gehör zu finden (vgl. Sunstein, 2001). In vielen Fällen können Themen, die in traditionellen Medien unterrepräsentiert sind, durch Social Media an Sichtbarkeit gewinnen. Beispielsweise hat die #MeToo-Bewegung durch Social Media weltweit Aufmerksamkeit erregt und Diskussionen über sexuelle Belästigung und Machtmissbrauch angestoßen. Diese Plattformen haben es ermöglicht, persönliche Geschichten zu teilen und eine kollektive Stimme gegen solche Missstände zu bilden (vgl. Miller, 2019).

Die Rolle von Social Media im Medienumfeld hat sich stark verändert, da diese Plattformen es Nutzer:innen ermöglichen, selbst zu Produzenten von Inhalten zu werden. Die Demokratisierung der Medienproduktion bedeutet, dass Nachrichten und Informationen nicht mehr ausschließlich von traditionellen Medienanstalten verbreitet werden. Nutzer:innen können ihre eigenen Inhalte erstellen und teilen, wodurch eine Vielzahl von Perspektiven und Meinungen sichtbar wird (vgl. Sunstein, 2001). Dies kann Einfluss auf die öffentliche Meinung und die Meinungsbildung haben, indem es alternative Sichtweisen präsentiert und die Reichweite von Themen erhöht, die möglicherweise in traditionellen Medien unterrepräsentiert sind. Ein Beispiel ist die Berichterstattung über soziale Bewegungen, die oft durch traditionelle Medien vernachlässigt wird, während sie auf Social Media große Aufmerksamkeit finden (vgl. Tufekci, 2017). Social Media hat die Struktur der öffentlichen Meinungsbildung revolutioniert. Nutzer:innen können nun selbst zu Produzenten von Inhalten werden, wodurch eine Vielzahl von Perspektiven und Meinungen sichtbar wird (vgl. Castells, 2012). Diese Demokratisierung der Medienproduktion ermöglicht es, dass alternative Sichtweisen präsentiert werden, die möglicherweise in traditionellen Medien nicht ausreichend Beachtung finden. Dies kann zu einer breiteren und ausgewogeneren öffentlichen Debatte führen. Ein Beispiel ist die Berichterstattung über den Klimawandel, die durch Social Media an Dynamik gewonnen hat. Aktivisten und Wissenschaftler können ihre Botschaften direkt an die Öffentlichkeit richten und so das Bewusstsein für die Dringlichkeit des Themas schärfen (vgl. Thunberg, 2019).

Interaktivität

Ein weiteres zentrales Merkmal von Social Media ist die Interaktivität. Die direkte Kommunikation zwischen Nutzer:innen fördert den Austausch von Ideen und Meinungen. Laut Karpf (2012) führt diese Interaktivität zu einem dynamischen Umfeld, in dem Diskussionen kontinuierlich stattfinden. Nutzer:innen können nicht nur Inhalte konsumieren, sondern auch aktiv an der Diskussion teilnehmen, indem sie Kommentare abgeben, Beiträge teilen und direkt miteinander kommunizieren. Diese Form der Interaktivität schafft ein Gefühl von Gemeinschaft und Engagement. Sie ermöglicht es Nutzer:innen, ihre Perspektiven einzubringen und sich in sozialen Bewegungen zu engagieren. Interaktive Kampagnen, wie sie beispielsweise von Aktivisten in verschiedenen sozialen Bewegungen eingesetzt werden, können so eine breite Unterstützung gewinnen (vgl. Boulianne, 2015).

Reichweite und Sichtbarkeit

Social Media ermöglicht politischen Akteur:innen, ihre Botschaften einem weitreichenden Publikum zu präsentieren, ohne auf traditionelle Medien angewiesen zu sein. Durch Plattformen wie Facebook, Twitter, Instagram und TikTok können Politiker:innen und politische Organisationen eine breite Öffentlichkeit erreichen und direkt ansprechbar sein. Diese Reichweite ist besonders wertvoll in Wahlkämpfen oder bei der Förderung von politischen Initiativen, da sie die Möglichkeit bietet, Informationen schnell und effizient zu verbreiten und gezielte Kampagnen zu führen.

Gezielte Ansprache

Durch präzises Targeting können politische Akteure bestimmte Wähler:innengruppen gezielt ansprechen, was die Effektivität ihrer Kommunikationsstrategien erhöht.

Kosteneffizienz

Social Media-Kampagnen können kostengünstiger sein als traditionelle Werbung, was insbesondere für weniger finanzstarke Kampagnen von Vorteil ist.

Direkte Interaktion mit Wähler:innen

Social Media ermöglicht eine direkte und unmittelbare Interaktion zwischen politischen Akteur:innen und Wähler:innen. Dies kann durch verschiedene Formen der Kommunikation geschehen:

Feedback und Diskussionen

Politiker:innen können Fragen beantworten, Diskussionen moderieren und direktes Feedback von Bürgern erhalten. Diese direkte Kommunikation fördert ein höheres Engagement und stärkt die Bindung zwischen politischen Akteur:innen und der Öffentlichkeit.

Transparenz und Zugänglichkeit

Durch regelmäßige Interaktionen und das Teilen von Informationen können politische Akteure Transparenz zeigen und für mehr Zugänglichkeit sorgen, was das Vertrauen in ihre Arbeit stärken kann.

Spenden und Petitionen

Politische Akteure können Spendenaktionen starten, Petitionen organisieren und Unterstützung für ihre Anliegen gewinnen. Die schnelle Verbreitung von Aufrufen und die Möglichkeit zur direkten Teilnahme erleichtern die Mobilisierung von Ressourcen und Unterstützung.

Veranstaltungen und Aktionen

Social Media ermöglicht die Promotion und Organisation von Veranstaltungen, Demonstrationen und Kampagnen auf eine Weise, die eine große Anzahl von Menschen erreichen kann.

Echtzeit-Analyse und Anpassung

Social-Media-Daten bieten wertvolle Einblicke in die Meinungen und Vorlieben der Wähler:innen:

Meinungsforschung

Analysen von Social-Media-Daten helfen dabei, Trends und Stimmungen in der Bevölkerung zu erkennen. Dies ermöglicht es politischen Akteur:innen, ihre Botschaften und Strategien in Echtzeit anzupassen.

Feedback-Loop

Durch kontinuierliches Monitoring können politische Kampagnen sofort auf Entwicklungen und Reaktionen reagieren, was die Effektivität ihrer Kommunikation erhöht.

Verzerrung des Diskurses

Falsche oder irreführende Informationen können den politischen Diskurs verzerren und die öffentliche Meinung manipulieren. Politische Akteure müssen sich gegen solche Taktiken wappnen und Transparenz sowie Richtigkeit ihrer eigenen Informationen sicherstellen.

Schwierigkeiten bei der Faktenprüfung

Die Schnelligkeit und Verbreitung von Informationen auf Social Media erschwert es, Falschmeldungen schnell zu erkennen und zu korrigieren.

Spaltung der Gesellschaft

Die verstärkte Polarisierung kann zu einer gespaltenen Gesellschaft führen, in der der Dialog zwischen verschiedenen politischen oder gesellschaftlichen Gruppen schwieriger wird.

Sammeln und Nutzung von Daten

Politische Akteure müssen sicherstellen, dass sie verantwortungsvoll mit den Daten ihrer Anhänger:innen umgehen. Der Missbrauch von persönlichen Daten für gezielte Werbung oder andere Zwecke kann das Vertrauen der Wähler:innen untergraben.

Algorithmische Kontrolle

Die Algorithmen, die den Inhalt auf Social Media steuern, können die Sichtbarkeit von politischen Botschaften beeinflussen und zu einer ungleichen Verbreitung führen. Dies kann die Effektivität von Kampagnen und die Fairness des politischen Diskurses beeinträchtigen.

Zensur

Einige Plattformen haben Richtlinien zur Inhaltsmoderation, die möglicherweise zu einer Zensur von politischen Inhalten führen können, was Fragen zur Meinungsfreiheit aufwirft.

Der Einfluss von Social Media auf die öffentliche Meinungsbildung ist ein entscheidender Aspekt der digitalen Kommunikation. Diese Plattformen sind jedoch nicht nur für die Verbreitung von Informationen verantwortlich, sondern auch für die politische Bildung, insbesondere bei jüngeren Generationen, die zunehmend auf digitale Kanäle angewiesen sind. Im folgenden Kapitel wird untersucht, inwiefern Social Media als Werkzeug der politischen Bildung fungiert und welche Verantwortung diese Plattformen in der Vermittlung politischer Inhalte tragen. Es stellt sich die Frage, ob Social Media tatsächlich die politische Bildung fördert oder ob sie die Gefahr birgt, eine verzerrte und oberflächliche Informationsvermittlung zu verstärken.

Politische Bildung durch Social Media

Ein zunehmend interessanter Aspekt im Zusammenhang mit der "Neuen Rechten" ist die Rolle von Social Media in der politischen Bildung und Informationsvermittlung, insbesondere bei Jugendlichen. Die 24. Shell Jugendstudie (2024) zeigt, dass Jugendliche heute politisch bewusster sind und digitale Plattformen eine zentrale Rolle in ihrer Meinungsbildung einnehmen. Etwa 46 % der Jugendlichen geben an, politisch interessiert oder stark interessiert zu sein, ein leichter Anstieg im Vergleich zu früheren Studien (vgl. Shell, 2024). Dieses Interesse wird jedoch weiterhin stark durch Faktoren wie Bildungsniveau, Geschlecht und die genutzten Informationsquellen beeinflusst.

Bildungsniveau und politisches Interesse

Die Studie zeigt signifikante Unterschiede im politischen Interesse nach Bildungsniveaus. So bezeichnen sich 53 Prozent der Jugendlichen mit Abitur oder in der Abiturvorbereitung als politisch interessiert. Im Gegensatz dazu sind es nur 25 Prozent derjenigen, die einen Hauptschulabschluss anstreben oder erreicht haben. Studierende zeigen das größte politische Interesse, wobei 65 Prozent dieser Gruppe angeben, politisch interessiert zu sein.

Das Geschlechterverhältnis zeigt ebenfalls Unterschiede: 49 Prozent der männlichen Jugendlichen bezeichnen sich als politisch interessiert, während dies bei weiblichen Jugendlichen nur 42 Prozent beträgt. Die Einschätzung zur Wichtigkeit des eigenen politischen Interesses unterscheidet sich jedoch nicht zwischen den Geschlechtern. Diese Erkenntnisse deuten darauf hin, dass Bildung eine entscheidende Rolle bei der politischen Bildung von Jugendlichen spielt und dass höhere Bildungsniveaus tendenziell mit einem stärkeren politischen Engagement einhergehen.

Internet als Informationsquelle

Ein besonders markantes Ergebnis der Shell-Studie ist die Feststellung, dass das Internet zur wichtigsten Informationsquelle für politische Themen bei Kindern und Jugendlichen geworden ist. 60 Prozent der Befragten informieren sich mittlerweile mehrheitlich online über politische Themen. Obwohl Printmedien nach wie vor eine gewisse Bedeutung haben, ziehen es

Jugendliche zunehmend vor, soziale Medien für die gezielte Informations-suche zu nutzen (vgl. Shell Deutschland Holding, 2024).

Diese Verschiebung hin zu digitalen Plattformen hat weitreichende Implikationen für die politische Bildung und den politischen Diskurs. Die Popularität von sozialen Medien bietet Politiker:innen und anderen öffentlichen Personen die Möglichkeit, ihre Botschaften direkt an die Jugend zu kommunizieren, oft ohne die Filterung oder Kritik traditioneller Medien. Dadurch können Politiker:innen sich in einem Licht präsentieren, das sie favorisieren, ohne dass dies von einer kritischen Öffentlichkeit hinterfragt wird. Themen wie Migration, Sicherheit und „Kulturverfall" werden emotionalisiert, um Ängste zu schüren und die Zustimmung zu rechtsextremen Positionen zu fördern. Begriffe wie „Altparteien" oder „Systemmedien" werden verwendet, um die Legitimität demokratischer Institutionen zu untergraben. Die "Neue Rechte" hat diese Veränderungen erkannt und versucht, die Affinität der Jugendlichen zu Social Media für sich zu nutzen. Die Plattformen bieten nicht nur die Möglichkeit, ihre Ideologien zu verbreiten, sondern auch eine Plattform, um ein junges Publikum zu erreichen, das zunehmend digitale Medien konsumiert. Soziale Medien ermöglichen es den Akteur:innen der Neuen Rechten, ihre Botschaften subtiler und über ansprechende Inhalte zu vermitteln, die oft als weniger konfrontativ wahrgenommen werden.

Durch die Nutzung von Influencern, Meme-Kultur und ansprechenden visuellen Inhalten versuchen diese Gruppen, eine Anschlussfähigkeit zu schaffen, die die Grenze zwischen politischem Aktivismus und alltäglichem Leben verwischt. Diese Strategie könnte dazu führen, dass rechtsextreme Inhalte als normaler Bestandteil der politischen Diskussion akzeptiert werden, was ihre Verbreitung und Akzeptanz in der Gesellschaft fördert.

Insgesamt zeigt sich, dass Social Media nicht nur als Plattform für die Verbreitung von Informationen dient, sondern auch als Werkzeug für die politische Bildung. Die "Neue Rechte" nutzt diese Möglichkeiten, um gezielt auf die Jugend zuzugehen und ihre Ideologien zu verbreiten. Angesichts der Stabilisierung des politischen Interesses bei Jugendlichen und der wachsenden Bedeutung des Internets als Informationsquelle ist es von entscheidender Bedeutung, die Mechanismen zu verstehen, durch die rechts-extreme Bewegungen diese Plattformen nutzen, um ihre Agenda voranzu-treiben.

Rechtsextreme Akteure nutzen hier subtile visuelle Inhalte, die harmlos wirken, aber nationalistische oder rassistische Botschaften transportieren. Social Media hat sich zu einer zentralen Plattform für die politische Bildung von Jugendlichen entwickelt. Während es die Möglichkeit bietet, junge Menschen zu erreichen und zu mobilisieren, nutzen rechtsextreme Grup-pen dieselben Mechanismen, um Desinformation zu verbreiten und Ju-gendliche subtil zu radikalisieren. Die Ergebnisse der 24. Shell Jugendstu-die verdeutlichen, wie wichtig es ist, digitale Plattformen und deren Einfluss kritisch zu betrachten und Jugendliche für die Herausforderungen der digi-talen Meinungsbildung zu sensibilisieren.

Während die Nutzung von Social Media politische Bildung beeinflusst, wird die Plattform von verschiedenen politischen Bewegungen auf unterschied-liche Weise verwendet. Besonders die Neue Rechte hat Social Media ge-schickt für die Verbreitung ihrer Ideologien genutzt und eine breitere Anhä-nger:innenschaft gewonnen. Um die Nutzung dieser Plattformen im digita-len Zeitalter besser zu verstehen, ist es wichtig, die historischen Wurzeln der Neuen Rechten zu betrachten. Das folgende Kapitel widmet sich der Entwicklung dieser Bewegung und beleuchtet, wie sie sich von einer Rand-erscheinung zu einer global agierenden politischen Kraft entwickelt hat.

Entwicklung der Neuen Rechten

Die Neue Rechte ist eine politische Bewegung, deren Wurzeln tief in verschiedenen politischen und intellektuellen Strömungen des 20. Jahrhunderts verankert sind. Diese Strömungen, die sich gegen die Entwicklungen der Moderne und des Liberalismus positionierten, haben maßgeblich zur Formung der Neuen Rechten beigetragen. Ein detaillierter Überblick über den historischen Kontext und die Entwicklung dieser Bewegung verdeutlicht ihre Vielschichtigkeit und Komplexität.

Nach dem Zweiten Weltkrieg entstanden in vielen westlichen Gesellschaften neue politische Bewegungen, die den vorherrschenden Idealen des Liberalismus, des Sozialismus und der internationalen Zusammenarbeit skeptisch gegenüberstanden. Diese Skepsis war nicht nur eine Reaktion auf die gesellschaftlichen und politischen Umbrüche, die der Krieg mit sich brachte, sondern auch eine Folge der erlebten Verluste nationaler Identität und kultureller Homogenität. Intellektuelle und politische Aktivisten, die diese Werte als Grundlage einer stabilen Gesellschaft ansahen, wurden zu zentralen Triebkräften dieser neuen Bewegungen (vgl. Mudde, 2016).

Die Ursprünge der Neuen Rechten lassen sich bis zur sogenannten „Konservativen Revolution" zurückverfolgen, die in Deutschland und anderen europäischen Ländern in der Zwischenkriegszeit entstand. Diese Bewegung war eine tiefgreifende Reaktion auf die Entwicklungen der Aufklärung, des Liberalismus und des Rationalismus, die das politische und gesellschaftliche Leben jener Zeit prägten. Vertreter:innen der Konservativen Revolution wiesen die modernen Werte und Ideale zurück und betonten stattdessen die Bedeutung von Tradition, Autorität und nationaler Identität. Diese Gedankenströme und Ideale bildeten eine wichtige Grundlage für die spätere Entwicklung der Neuen Rechten (vgl. Heitmeyer, 2018).

In den 1970er und 1980er Jahren, als der Neoliberalismus und die Globalisierung zunehmend an Einfluss gewannen, kam es zu einer erneuten Reaktion gegen diese Entwicklungen. Der Neoliberalismus, der freie Märkte und minimale staatliche Eingriffe propagierte, sowie die fortschreitende

Globalisierung, die durch internationale Vernetzung und interkulturellen Austausch gekennzeichnet war, wurden von vielen als Bedrohung für nationale Identität und soziale Kohäsion wahrgenommen. In dieser Zeit gewann die Neue Rechte neue Anhänger:innen, die die negativen Auswirkungen liberaler und globalistischer Ideale auf die Gesellschaft betonten und sich gegen als schädlich empfundene Veränderungen wandten (vgl.Küntzel, 2019).

In den letzten Jahrzehnten hat die Neue Rechte, insbesondere im Kontext von Migration, Multikulturalismus und Identitätspolitik, an Stärke gewonnen. Identitätspolitik bezeichnet politische Bewegungen oder Haltungen, die die Bedeutung von Gruppenidentitäten – wie Geschlecht, Ethnizität, Religion oder sexuelle Orientierung – in den Mittelpunkt stellen. Im Kontext der Neuen Rechten wird Identitätspolitik oft verwendet, um nationale oder ethnische Identitäten zu betonen und die Integration von Minderheiten abzulehnen. Gegner der Identitätspolitik argumentieren, dass solche Bewegungen zu einer Fragmentierung der Gesellschaft führen und den Fokus von allgemeinen politischen Problemen ablenken. Die Neue Rechte hat die Ängste und Sorgen vieler Menschen hinsichtlich kultureller Veränderungen und sozialer Konflikte aufgegriffen und politisch genutzt. Diese Themen wurden von der Neuen Rechten instrumentalisiert, um ihre politischen Ziele zu verfolgen und breite Unterstützung zu mobilisieren (vgl. Rensmann, 2018). Das Internetzeitalter, insbesondere die sozialen Medien, haben der Neuen Rechten neue Möglichkeiten eröffnet, ihre Ideen zu verbreiten und Anhänger:innen zu mobilisieren. Durch die Nutzung dieser Plattformen konnte die Bewegung eine eigene Gegenöffentlichkeit schaffen, alternative Medienkanäle aufbauen und eine größere Reichweite erzielen. Soziale Medien haben es der Neuen Rechten ermöglicht, ihre Botschaften effektiv zu verbreiten und direkte Interaktionen mit einer breiteren Öffentlichkeit zu führen (vgl. Mudde, 2016). Zusammenfassend lässt sich sagen, dass sich die Neue Rechte im Laufe der Zeit kontinuierlich weiterentwickelt und an verschiedene politische, kulturelle und technologische Entwicklungen angepasst hat. Ihre Geschichte ist geprägt von einer Vielzahl von Einflüssen und Ideen, die sich in unterschiedlichen Kontexten und Regionen unterschiedlich manifestieren. Diese Vielschichtigkeit und Anpassungsfähigkeit haben es der Neuen Rechten ermöglicht, sich als bedeutende politische Bewegung zu etablieren und ihre Ideale erfolgreich zu propagieren (vgl. Mudde, 2016).

Nationalismus und nationale Identität

Nationalismus ist eine politische Ideologie, die das Interesse und die Identität einer bestimmten Nation oder Ethnie über alle anderen stellt. Nationalistische Bewegungen streben oft danach, die nationale Souveränität zu wahren oder zurückzugewinnen und eine homogene Gesellschaft zu schaffen, die auf kultureller oder ethnischer Zugehörigkeit basiert. Der Nationalismus ist häufig mit xenophoben oder rassistischen Einstellungen verbunden und kann zur Ablehnung von Migration und der Integration anderer Kulturen führen. Ein zentrales Element der Neuen Rechten ist der Nationalismus, der die Betonung der nationalen Identität in den Vordergrund stellt. Diese Ideologie propagiert die Idee, dass nationale Gemeinschaften eine besondere kulturelle, historische und ethnische Identität besitzen, die es zu bewahren gilt. Die Neue Rechte lehnt multikulturelle Ansätze ab und sieht in ihnen eine Bedrohung für die nationale Identität (vgl.Küntzel, 2019). Nationalistische Narrative werden oft genutzt, um das Gefühl von Zugehörigkeit und Solidarität innerhalb der eigenen Nation zu stärken.

Einwanderungspolitik

Die Neue Rechte fordert häufig eine restriktivere Einwanderungspolitik, die darauf abzielt, die nationale Identität zu bewahren und zu schützen. Die Argumentation hier ist, dass unkontrollierte Einwanderung die kulturelle und soziale Kohärenz des Staates gefährden könnte. Diese Position wird durch Ängste vor dem Verlust kultureller Werte und sozialen Zusammenhalts gestützt (vgl. Rensmann, 2018).

Wirtschaftlicher Protektionismus

Ein weiteres zentrales Anliegen der Neuen Rechten ist der wirtschaftliche Protektionismus. Die Bewegung befürwortet Maßnahmen, die darauf abzielen, die nationalen Wirtschaftsinteressen zu schützen. Dazu gehören Zölle auf Importe, Unterstützung für heimische Industrien und das Streben nach wirtschaftlicher Selbstgenügsamkeit. Diese Politik wird oft als notwendig dargestellt, um die nationale Wirtschaft vor den negativen Auswirkungen der Globalisierung und internationaler Wettbewerbsbedingungen zu schützen (vgl. Mudde, 2016).

Rückzug aus internationalen Abkommen

Ein weiteres häufiges Ziel der Neuen Rechten ist der Rückzug aus internationalen Abkommen und Organisationen, die als Bedrohung für die nationale Souveränität angesehen werden. Dies umfasst sowohl internationale Handelsabkommen als auch multilaterale Sicherheits- und Umweltabkommen. Die Argumentation hinter dieser Haltung ist, dass solche Verpflichtungen die nationale Autonomie einschränken und die Kontrolle über innenpolitische Entscheidungen untergraben (vgl. Heitmeyer, 2018).

Identitätspolitik und Exklusivität

Die Neue Rechte nutzt Identitätspolitik als strategisches Werkzeug, um exklusive Gemeinschaften zu fördern, die sich durch ethnische oder kulturelle Merkmale definieren. Diese Politik zielt darauf ab, ein Gefühl der Überlegenheit und der Abgrenzung von anderen Gruppen zu schaffen (vgl. Rensmann, 2018). Durch narrative Strategien, die ein „Wir gegen die anderen" propagieren, wird der eigene ethnische Hintergrund als zentrale Grundlage für nationale Zugehörigkeit und Identität hervorgehoben.

Ethnonationalismus

Ein zentraler Aspekt dieser Identitätspolitik ist der Ethnonationalismus, der die eigene ethnische oder kulturelle Identität über andere stellt. Ethnonationalismus ist eine politische Ideologie, die den Nationalstaat und die politische Zugehörigkeit an ethnische oder kulturelle Merkmale bindet. Anhänger:innen des Ethnonationalismus betonen, dass nur Menschen einer bestimmten ethnischen Gruppe berechtigt sind, eine bestimmte nationale Identität zu vertreten. Diese Ideologie wird häufig mit rassistischen oder nationalistischen Bewegungen in Verbindung gebracht, da sie Minderheiten und Migrant:innen aus der nationalen Gemeinschaft ausschließt. Diese Form der Politik kann zu diskriminierenden Maßnahmen führen und eine exklusive Haltung gegenüber anderen Gruppen fördern. Ethnonationalismus propagiert die Idee, dass nur Angehörige einer bestimmten ethnischen Gruppe das Recht haben, die nationale Identität zu definieren und zu vertreten, was in vielen Fällen zu gesellschaftlicher Spaltung und Diskriminierung führt (vgl. Mudde, 2016).

Abgrenzung gegenüber anderen Gruppen

Die Neue Rechte neigt dazu, sich gegenüber anderen kulturellen, ethnischen oder religiösen Gruppen abzugrenzen. Diese Abgrenzung kann sich in einer Politik der Exklusivität oder Isolation äußern, die darauf abzielt, die eigene Gruppe zu schützen und hervorzuheben. Diese Taktik verstärkt das Gefühl der eigenen Überlegenheit und kann gleichzeitig das Vertrauen in multikulturelle oder inklusive Ansätze untergraben. Solche Positionen führen oft zu einer Kriminalisierung oder Stigmatisierung von Minderheiten und fördern ein Klima der Intoleranz (vgl. Rensmann, 2018).

Förderung eigener Identität

Die Neue Rechte setzt sich aktiv für die Förderung und Bewahrung der eigenen nationalen oder kulturellen Identität ein. Dies kann in Maßnahmen resultieren, die andere Identitäten oder Kulturen marginalisieren oder ausschließen. Der Fokus liegt oft darauf, die eigenen Traditionen, Bräuche und Werte zu schützen und zu bewahren, während alternative Sichtweisen als Bedrohung wahrgenommen werden. Diese Sichtweise kann zu einer verstärkten politischen Mobilisierung innerhalb homogener Gruppen führen und trägt zur Schaffung von Gemeinschaften bei, die sich gegen Veränderungen und Diversität wenden (vgl. Heitmeyer, 2018).

Kritik am Multikulturalismus

Die Neue Rechte steht dem Multikulturalismus kritisch gegenüber und bevorzugt eine Politik, die entweder auf Assimilation oder kulturellem Schutz basiert. Diese Ideologie positioniert sich entschieden gegen den Multikulturalismus, den sie als Gefahr für die soziale Kohäsion und die nationale Identität betrachtet. Vertreter:innen dieser Strömung argumentieren, dass multikulturelle Gesellschaften zu Konflikten und Spannungen führen, da verschiedene Kulturen nicht harmonisch koexistieren können (vgl. Mudde, 2016). Stattdessen wird eine homogene Gesellschaft propagiert, die auf gemeinsamen Werten und Traditionen basiert.

Kulturelle Homogenität

Die Bewegung betont, dass kulturelle Homogenität für den sozialen Zusammenhalt und die nationale Einheit unerlässlich sei. Sie sieht multikulturelle Gesellschaften oft als konfliktbeladen oder instabil an. In diesem Kontext wird häufig eine Rückkehr zu einer stärker vereinheitlichten, traditionellen Gesellschaft gefordert, in der Unterschiede zwischen ethnischen oder kulturellen Gruppen minimiert werden (vgl. Küntzel, 2019).

Die Neue Rechte hat in den letzten Jahrzehnten eine zunehmende Präsenz in der politischen Landschaft Deutschlands erlangt. Ihre Wurzeln reichen tief in die konservative Revolution des 20. Jahrhunderts, aber ihr aktuelles Wachstum und ihre politische Bedeutung sind eng mit der Zunahme der digitalen Kommunikation und der Nutzung von Social Media verbunden. Die Neue Rechte nutzt Social Media nicht nur, um ihre Ideen zu verbreiten, sondern auch, um eine Vielzahl von Unterstützern zu mobilisieren und die öffentliche Meinung zu beeinflussen (vgl. Mudde, 2019).

Ein markantes Beispiel für die Entwicklung der Neuen Rechten in Deutschland ist der Aufstieg der AfD. Seit ihrer Gründung im Jahr 2013 hat die Partei Social Media intensiv genutzt, um ihre Botschaften zu verbreiten und die öffentliche Wahrnehmung zu beeinflussen. Der Erfolg der AfD kann zum Teil auf die strategische Nutzung von Social Media zurückgeführt werden, insbesondere durch die Verbreitung populistischer und nationaler Rhetorik, die mit den Ängsten und Unsicherheiten breiter Bevölkerungsschichten spielt (vgl. Arzheimer, 2015). Die AfD hat es verstanden, Themen wie Migration, den Verlust nationaler Identität und die Ablehnung der etablierten politischen Ordnung in den Mittelpunkt ihrer Kampagnen zu stellen, und hat dadurch große Teile der Wähler:innenschaft mobilisiert.

Die "Neue Rechte" nutzt eine Vielzahl von Social-Media-Plattformen, um ihre Botschaften zu verbreiten, Anhänger:innen zu mobilisieren und politische Aktivitäten zu koordinieren. Im Folgenden werden einige der wichtigsten Plattformen vorgestellt, die von der Neuen Rechten verwendet werden.

1. X (ehemals Twitter)

X ist eine der zentralen Plattformen für die Neue Rechte, um kurze Nachrichten, Links, Memes und andere Inhalte zu verbreiten. Politische Aktivisten und Persönlichkeiten nutzen X häufig, um direkt mit Anhänger:innen zu interagieren, Diskussionen anzustoßen und Aufmerksamkeit für spezifische Anliegen zu gewinnen. Die Schnelligkeit und Reichweite von X ermöglichen es der Neuen Rechten, zeitnah auf aktuelle Ereignisse zu reagieren und ihre Ideologien effektiv zu kommunizieren (vgl. Mudde, 2019). Eine Studie von Hope Not Hate (2020) ergab, dass über 30 % der Tweets zu Migration und Flüchtlingen von rechtsextremen Konten verbreitet wurden.

2. Meta (ehemals Facebook)

Meta ist eine der größten Social-Media-Plattformen und wird von der Neuen Rechten genutzt, um Inhalte zu teilen, Gruppen zu organisieren und Veranstaltungen zu bewerben. Die Nutzung von Meta -Seiten, Gruppen und Veranstaltungen ermöglicht es der Bewegung, Anhänger:innen zu mobilisieren, Diskussionen zu führen und politische Aktivitäten zu koordinieren. Die Plattform bietet eine Infrastruktur, um Gemeinschaften zu bilden und die Mobilisierung zu fördern (vgl. Koch, 2019). Laut einer Untersuchung von Avaaz (2020) hatten Meta -Seiten mit rechtsextremen Inhalten eine Interaktionsrate, die bis zu 300 % höher war als die von moderaten politischen Inhalten.

3. YouTube

23

YouTube spielt eine bedeutende Rolle für die Neue Rechte, um Videos, Interviews, Vorträge und andere audiovisuelle Inhalte zu veröffentlichen. Die Nutzung von YouTube-Kanälen ermöglicht es, Botschaften zu verbreiten, Anhänger:innen zu mobilisieren und eine Gegenöffentlichkeit zu schaffen. Durch die Kombination von visuellen und akustischen Elementen erreichen sie ein breiteres Publikum und verstärken ihre ideologischen Narrative (vgl. Huntington, 2019). Videos mit rechtsextremen Inhalten wurden im Zeitraum von 2017 bis 2020 mehr als 620 Millionen Mal aufgerufen (vgl. Institute for Strategic Dialogue, 2021).

4. Telegram

Telegram ist eine Messaging-App, die von der Neuen Rechten verwendet wird, um private Gruppen zu organisieren, Inhalte zu teilen und politische Aktivitäten zu koordinieren. Diese Plattform bietet den Vorteil, sich vor Zensur zu schützen und direkte Kommunikation mit Anhänger:innen zu ermöglichen. Telegram-Kanäle und -Gruppen ermöglichen eine ungehinderte Verbreitung ihrer Ideologien, ohne dass die Gefahr besteht, von Mainstream-Plattformen blockiert zu werden (vgl. Nagle, 2017). Zensur bezeichnet die Kontrolle oder Unterdrückung von Informationen, die als unerwünscht oder gefährlich angesehen werden. Sie kann von staatlichen Institutionen oder privaten Unternehmen ausgeübt werden und zielt darauf ab, die Verbreitung bestimmter Ideen oder Inhalte zu verhindern. Im Kontext von Social Media wird Zensur häufig diskutiert, wenn es um die Moderation von Hassrede, Fake News oder extremistischen Inhalten geht. Gleichzeitig wird die Zensur oft als Bedrohung der Meinungsfreiheit betrachtet, da sie den offenen Diskurs und die Vielfalt der Ideen einschränken kann. Laut einer Studie der Amadeu Antonio Stiftung (2021) wurden zwischen 2020 und 2021 über 1.000 deutschsprachige rechtsextreme Kanäle auf Telegram identifiziert, mit insgesamt mehr als 200.000 aktiven Abonnent:innen.

5. Gab

Gab ist eine alternative Social-Media-Plattform, die von der Neuen Rechten genutzt wird, um Inhalte zu teilen, Diskussionen zu führen und politische Aktivitäten zu koordinieren. Die Plattform wird oft als Rückzugsort für Nutzer:innen betrachtet, die sich vor Zensur auf Mainstream-Plattformen schützen möchten. Gab bietet Raum für Meinungsfreiheit und die Verbreitung rechtsextremer Ideologien (vgl. Ebner, 2020).

6. Parler

Parler war eine weitere alternative Social-Media-Plattform, die von der Neuen Rechten genutzt wurde, um sich vor Zensur auf Mainstream-Plattformen zu schützen. Nutzer:innen verwendeten Parler, um Inhalte zu teilen, Diskussionen zu führen und politische Aktivitäten zu koordinieren. Obwohl die Plattform in den letzten Jahren an Popularität verloren hat, war sie ein wichtiger Ort für die Verbreitung rechter Inhalte (vgl. Fielitz & Thurston, 2019).

7. TikTok

TikTok hat sich in den letzten Jahren zu einer der populärsten Plattformen unter Kindern und Jugendlichen entwickelt und wird zunehmend von rechtsextremen Akteur:innen als Kanal genutzt, um ihre Botschaften gezielt an eine junge Zielgruppe zu richten (Munger, 2020). So tauchen auf TikTok Videos mit rechtsextremen Symbolen, Codes und Musik auf, etwa von Bands wie „Landser" oder „Sleipnir", die in der Szene als Identifikationsmerkmale gelten. Neonazistische Lieder und rechtsextremer Rap werden in kurzen Clips verbreitet, die oft in eine Art „Lifestyle"-Ästhetik verpackt sind, um radikale Ideologien subtil als Teil eines jugendlichen Lebensstils zu vermarkten (Miller-Idriss, 2020). Neben Musik und Symbolik greifen rechtsextreme Inhalte die typischen Formen von TikTok-Memes auf. In Kurzvideos zeigen sich Nutzer:innen in szenetypischer Kleidung oder mit Dekorationen, die klare Bezüge zu rechtsextremen Motiven aufweisen. Profilnamen und Hashtags wie „1488" oder „#heimatliebeistkeinverbrechen" stellen subtile Hinweise auf die Szene dar, während manche Profile durch explizitere Sprache bis hin zu volksverhetzenden Inhalten auffallen (Conway et al., 2019). Diese Codierung und Inszenierung als „harmloser" Lifestyle soll Hemmschwellen senken und Jugendliche schrittweise für extremistische Gedankenmuster sensibilisieren (Bennett & Livingston, 2021). Zudem wird TikTok in rechtsextremen Netzwerken verstärkt genutzt, um Verschwörungstheorien wie die „Neue Weltordnung" oder den „Great Reset" zu verbreiten. Auszüge aus politischen Reden oder Streams rechtsextremer Influencer werden häufig mit drastischen Kommentaren versehen, in denen Politiker:innen als „Illuminaten" bezeichnet und zur Gewalt gegen sie aufgerufen wird (Holt et al., 2020). Der antisemitische Charakter solcher Inhalte fördert dabei sowohl Vorurteile als auch Radikalisierung, da sich die Kommentarspalten schnell zu Plattformen für Hass und Hetze entwickeln (Imhoff & Bruder, 2014). Besonders auffällig ist, dass rechtsextreme Nutzer:innen TikTok als Raum nutzen, um durch Beleidigungen und Drohungen junge Menschen zu bedrohen. Nutzer:innen werden dort wegen ihres Erscheinungsbildes, ihrer Herkunft oder Religion angegriffen und verbal angefeindet, wie es etwa bei einer jungen Jüdin der Fall war, die während eines Live-Videos auf TikTok antisemitische Anfeindungen erlebte (Berger, 2018).

Diese Plattformen bieten der Neuen Rechten die Möglichkeit, ihre Botschaften zu verbreiten, Anhänger:innen zu mobilisieren und politische Aktivitäten zu koordinieren, während sie sich oft vor Zensur und Einschränkungen auf Mainstream-Plattformen schützen. Die Nutzung dieser Plattformen ist jedoch nicht einheitlich und variiert je nach Region, politischer Ausrichtung und spezifischem Kontext.

Ein entscheidender Aspekt der sozialen Medien ist, wie spezifische Algorithmen die Sichtbarkeit und Reichweite von Inhalten beeinflussen. Plattformen wie Meta und X belohnen Inhalte, die hohe Interaktionen generieren, was rechtsextreme Inhalte begünstigen kann, da sie oft provokant und emotional sind. Diese Dynamik ermöglicht es der Neuen Rechten, ihre Botschaften schnell und effizient zu verbreiten und neue Anhänger:innen zu gewinnen.

Die Reaktionen der Plattformen auf rechtsextreme Inhalte variieren stark. Während einige Plattformen wie Meta und X Richtlinien zur Bekämpfung von Hassrede implementiert haben, bedeutet dies nicht, dass alle rechtsextremen Inhalte effektiv zensiert werden. Nutzer:innen der Neuen Rechten suchen oft gezielt nach Alternativen, wo sie weniger mit Zensur konfrontiert werden, was die Nutzung von Plattformen wie Gab und Telegram verstärkt (vgl. Zannettino, 2021). Die Nutzung dieser Plattformen bringt rechtliche Herausforderungen mit sich. Während einige Plattformen versuchen, gegen Hassrede vorzugehen, gibt es oft Grauzonen, die der Neuen Rechten ermöglichen, ihre Inhalte ohne unmittelbare Konsequenzen zu verbreiten. Besonders Plattformen mit schwächeren Moderationsrichtlinien bieten Raum für die Verbreitung extremistischer Inhalte, was die Herausforderung zur Bekämpfung solcher Ideologien erheblich verstärkt (vgl. Pew Research Center, 2020). Die Nutzung dieser Plattformen ermöglicht es der Neuen Rechten, sich international zu vernetzen. Durch diese globalen Netzwerke können Gruppen aus verschiedenen Ländern Strategien austauschen, gemeinsame Aktionen planen und ihre Ideologien gegenseitig stärken. Diese Vernetzung trägt zur globalen Verbreitung von rechtsextremen Gedanken und Taktiken bei, wodurch die Bewegung an Einfluss und Relevanz gewinnt (vgl. Miller-Idriss, 2020).

Die Entwicklung der Neuen Rechten ist eng mit ideologischen Verschiebungen verbunden, die sich von den Randbereichen der Gesellschaft bis in den politischen Mainstream erstrecken. Doch stellt sich die Frage, wie diese Bewegung hinsichtlich ihrer politischen Ausrichtung und ihrer potenziellen Bedrohung für die Gesellschaft eingeordnet werden sollte. Ist die Neue Rechte lediglich eine radikale politische Bewegung, die tiefgreifende gesellschaftliche Veränderungen fordert, oder handelt es sich um eine extremistische Ideologie, die die demokratischen Grundwerte infrage stellt? Um diese Frage zu beantworten, ist eine genaue Analyse der Merkmale und Taktiken der Neuen Rechten erforderlich.

Radikal oder extrem ?

Die Begriffe Radikalismus und Extremismus beziehen sich auf tief-gehende gesellschaftliche Phänomene, die im Zusammenhang mit politischen und ideologischen Bewegungen stehen. In der Gesell-schaft stellt sich die Herausforderung, diese Phänomene zu verste-hen, um präventive Maßnahmen und interaktive Ansätze zu entwi-ckeln, die extremistischen Tendenzen entgegenwirken.

Der Begriff „Radikalismus" stammt vom lateinischen „radix" (Wurzel) ab und bezeichnet das Bestreben, gesellschaftliche Missstände an der Wurzel zu bekämpfen. Historisch wurde dieser Begriff für politi-sche Bewegungen verwendet, die tiefgreifende gesellschaftliche Veränderungen forderten. Während er ursprünglich sowohl auf linke als auch rechte Strömungen anwendbar war, verschob sich die Ter-minologie in den 1970er Jahren, als der Begriff „Rechtsextremismus" entstand. Dies spiegelte eine spezifischere Auseinandersetzung mit der Bedrohung durch extremistische Ideologien wider, die demokra-tische Werte herausfordern.

Übergang zum Rechtsextremismus

In den 1970er Jahren wurde der Begriff „Rechtsextremismus" popu-lär, um politische Bewegungen zu kennzeichnen, die nicht nur radi-kale Veränderungen forderten, sondern auch antidemokratische und autoritäre Werte propagierten. Diese Entwicklung zeigt die zuneh-mende Bedrohung durch ideologische Strömungen, die die demo-kratischen und pluralistischen Grundwerte der Gesellschaft infrage stellen. Rechtsextremismus bezeichnet politische Ideologien, die an-tidemokratische, rassistische, nationalistische und autoritäre Ansich-ten vertreten. Im Gegensatz zum konservativen Spektrum lehnt der Rechtsextremismus die Grundprinzipien der liberalen Demokratie ab, einschließlich der Gleichheit aller Bürger und der Achtung der Menschenrechte. Rechtsextreme Gruppen streben oft eine Homo-genisierung der Gesellschaft an, indem sie Minderheitengruppen, insbesondere Migrant:innen, Geflüchtete, sowie ethnische und religiöse Minderheiten, ausgrenzen oder diskriminieren.

Extremismus als Orientierungsrahmen

Der Begriff „Extremismus" wird häufig als gesellschaftlicher Orientierungsrahmen genutzt, um politische Ränder von der demokratischen Mitte zu unterscheiden. Dabei wird Extremismus nicht nur als eine politische Strömung verstanden, sondern auch als ein Konzept zur Identifikation von Bewegungen, die sich von der Mehrheit und den Normen der Gesellschaft abgrenzen. Extremistische Akteure definieren sich oft über ihre Abweichung von der demokratischen Norm, was sie zu einer potenziellen Bedrohung für die gesellschaftliche Stabilität macht.

Verwandte Begriffe und historische Kontexte

Neben „Radikalismus" und „Extremismus" existieren verwandte Konzepte wie Jakobinismus und Terrorismus. Der Jakobinismus, der mit der Französischen Revolution verbunden ist, steht für radikale politische Umwälzungen und die Schaffung eines neuen Gesellschaftsmodells. Terrorismus wiederum beschreibt die Anwendung politischer Gewalt, um Veränderungen herbeizuführen. Diese Begriffe verdeutlichen, dass Extremismus in verschiedenen historischen und sozialen Kontexten unterschiedliche Formen annehmen kann.

Ansätze zur Analyse von Extremismus

Zwei wesentliche Ansätze zur Analyse von Extremismus sind der dynamische und der statische Ansatz:

Dynamischer Ansatz: Extremismus wird als sich veränderndes Phänomen verstanden, das in Wechselwirkung mit der Gesellschaft steht. Er wird nicht nur am Rand, sondern auch innerhalb der Mitte der Gesellschaft wahrgenommen.

Statischer Ansatz: Hier wird Extremismus als Gegensatz zur Demokratie gesehen, der an den äußersten Rändern des politischen Spektrums lokalisiert ist. Dieser Ansatz fokussiert auf die Ablehnung grundlegender demokratischer Prinzipien. Die Unterscheidung zwischen radikal und extrem erfordert ein tieferes Verständnis der psychologischen Mechanismen, die Menschen anfällig für extremistische Ideologien machen. Die Anziehungskraft rechtsextremer Ideologien beruht häufig auf emotionalen Bedürfnissen nach Zugehörigkeit und Identität. Um zu verstehen, warum immer mehr Menschen diesen Ideologien folgen, ist es notwendig, die psychologischen Prozesse zu betrachten, die diese Anziehungskraft verstärken. Das folgende Kapitel untersucht die psychologischen Aspekte, die erklären, warum insbesondere in Zeiten sozialer und politischer Unsicherheit viele Menschen zu solchen extremistischen Bewegungen tendieren.

Warum Menschen sich von rechtsextremen Ideologien angezogen fühlen

Menschen, die sich extremistischen Ideologien anschließen, tun dies oft aus einem tiefen Bedürfnis nach Zugehörigkeit, Identität und der Suche nach einfachen Antworten auf komplexe gesellschaftliche Probleme. Besonders junge Menschen, die sich in einer Phase der Unsicherheit oder Identitätskrise befinden, können in extremistischen Gruppen eine stabile und klare Weltanschauung finden, die ihnen Sicherheit und Orientierung gibt. In einer Welt, die von sozialen und politischen Unruhen geprägt ist, erscheinen radikale Ideologien oft als einfache Lösungen für komplexe, vielschichtige Probleme. Die extremistischen Gruppen bieten nicht nur eine ideologische Heimat, sondern auch ein starkes Gemeinschaftsgefühl, das die Mitglieder emotional bindet und eine klare Abgrenzung zur „anderen" Gesellschaft schafft.

Ein wichtiger psychologischer Mechanismus ist der Drang nach sozialer Zugehörigkeit. Menschen, die sich in einer Lebensphase der Orientierung und des Selbstfindungsprozesses befinden, wie es bei Jugendlichen häufig der Fall ist, suchen nach einer Gruppe, die ihre Werte und Überzeugungen teilt. In dieser Unsicherheit können rechtsextreme Gruppen eine attraktive Identität bieten – eine klare Zugehörigkeit zu einer „richtigen" Gruppe, die sich gegen eine vermeintliche „Bedrohung" von außen abgrenzt. Die ideologische Klarheit und die scheinbare Sicherheit der extremen Positionen wirken dabei oft als Rückzugsort, der den Druck der modernen Welt mindert.

Neben diesem Bedürfnis nach Identität und Zugehörigkeit spielt der soziale Druck innerhalb von Gemeinschaften, insbesondere durch Netzwerke und Gruppenzwang, eine entscheidende Rolle. In sozialen Netzwerken und Foren, die von extremistischen Gruppen betrieben werden, entsteht eine Dynamik, bei der die Mitglieder ermutigt werden, sich radikaleren Positionen anzuschließen. Der Gruppenzwang, kombiniert mit der „Bestätigung" ihrer Überzeugungen durch Gleichgesinnte, verstärkt den Radikalisierungsprozess. In diesem Umfeld sehen sich Einzelpersonen oft unter Druck gesetzt, sich stärker mit radikaleren Ansichten zu identifizieren, um in der Gruppe akzeptiert zu werden. Die sozialen Netzwerke schaffen eine künstliche Gemeinschaft, die die Menschen in ihrer radikalen Haltung bestärkt und die Grenzen zur „normalen" Gesellschaft weiter verschiebt.

Feindbilder und Sündenböcke

Feindbilder sind vereinfachte und häufig verzerrte Darstellungen von bestimmten Gruppen oder Individuen, die als Bedrohung oder Gegner wahrgenommen werden. Diese Konstruktionen dienen oft dazu, Ängste zu schüren und Solidarität innerhalb der eigenen Gruppe zu schaffen, indem die Außenstehenden als ‚Feinde' oder ‚Bösewichte' dargestellt werden. Feindbilder sind ein zentrales Element in der Rhetorik von extremistischen Bewegungen, die diese Narrative nutzen, um politische Mobilisierung und Spaltung zu fördern. Ein zentrales Merkmal vieler extremistischen Ideologien, einschließlich des Rechtsextremismus, ist die Schaffung von Feindbildern und Sündenböcken. Diese vereinfachen komplexe gesellschaftliche Probleme, indem sie eine bestimmte Gruppe für alle Missstände verantwortlich machen. Feindbilder werden nicht nur als ein Mittel der Projektion genutzt, sondern auch als eine Technik der Vereinfachung: Sie reduzieren eine Vielzahl von gesellschaftlichen, politischen und wirtschaftlichen Problemen auf eine einzelne, meist marginalisierte oder minderwertige Gruppe – wie Migrant:innen, politische Gegner oder „die Eliten" – die als Bedrohung für die eigene Identität oder den eigenen Wohlstand dargestellt wird.

Die psychologische Grundlage dieser Feindbildkonstruktion liegt in der Projektion von eigenen Unsicherheiten, Ängsten und Frustrationen auf die „anderen". Die Sündenböcke werden als verantwortlich für alles dargestellt, was in der Gesellschaft als negativ wahrgenommen wird – sei es Arbeitslosigkeit, soziale Ungleichheit oder Verlust der kulturellen Identität. Diese Simplifizierung erleichtert es den Anhänger:innen, ihre eigenen Probleme auf eine vermeintlich „schuldige" Gruppe zu projizieren, anstatt sich mit den tatsächlichen, oft komplexen Ursachen auseinanderzusetzen. Diese Dynamik schafft ein scheinbar kohärentes Weltbild, das den Anhänger:innen der extremistischen Bewegung das Gefühl gibt, über die „wahren" Ursachen der Probleme informiert zu sein und die Verantwortung für diese Probleme abwälzen zu können.

In der radikalen Weltanschauung werden diese Feindbilder nicht nur als „Schuldige" dargestellt, sondern auch als existenzielle Bedrohung für die eigene Gemeinschaft. Der daraus resultierende Hass auf „die Anderen" wird oft als moralische Notwendigkeit angesehen, als ein „Kampf" für den Erhalt der eigenen Werte, Kultur und Identität.

Das Internet und insbesondere soziale Medien haben eine Schlüsselrolle bei der Radikalisierung von Individuen gespielt. Diese Plattformen bieten eine einfache Möglichkeit, sich mit Gleichgesinnten zu verbinden, eigene Überzeugungen zu verstärken und gleichzeitig die Sichtweise der „anderen" Gesellschaft zu delegitimieren. Besonders durch die Dynamik von Echo-Kammern und Filterblasen – also der selektiven Wahrnehmung von Informationen, die nur die eigenen Überzeugungen bestätigen – werden radikale Meinungen immer wieder verstärkt und verbreitet. Nutzer:innen, die sich zunächst mit vermeintlich harmlosen politischen Themen beschäftigen, geraten in einen Algorithmus, der ihnen zunehmend radikalere Inhalte vorschlägt. Ein Algorithmus ist eine Reihe von Regeln oder Anweisungen, die von Computern verwendet werden, um bestimmte Aufgaben zu erledigen oder Entscheidungen zu treffen. Auf Social-Media-

Plattformen bestimmen Algorithmen, welche Inhalte den Nutzer:innen angezeigt werden, basierend auf deren bisherigen Interaktionen und Vorlieben. Diese Algorithmen sind oft so programmiert, dass sie Inhalte mit hoher Interaktionswahrscheinlichkeit bevorzugen, was dazu führen kann, dass extreme oder polarisierende Inhalte häufiger verbreitet werden. Diese Inhalte erscheinen immer weniger extrem und desto mehr verstärkt sich der Eindruck, dass es sich bei der radikalen Sichtweise um die „normale" Position handelt.

In sozialen Netzwerken finden Nutzer:innen eine Bestätigung ihrer eigenen, oft radikalisierten Weltsicht und eine Plattform, auf der diese weiter ausgeprägt werden kann. Der Vorteil der Anonymität im Internet ermöglicht es, sich ohne gesellschaftliche Konsequenzen radikal zu äußern und andere zu beeinflussen. Mit der Zeit werden radikale Meinungen in einem solchen Umfeld immer normaler, und der Rückhalt in der Gruppe sorgt dafür, dass sich die politische Haltung immer weiter radikalisiert. Dies erklärt, warum immer mehr Menschen sich rechtsextremen oder extremistischen Gruppen anschließen: Sie erfahren eine fortwährende Verstärkung ihrer Weltanschauung und das Gefühl, einer „wahren" und „moralisch überlegenen" Gemeinschaft anzugehören.

Die psychologischen Prozesse, die Menschen anfällig für extremistische Ideologien machen, werden von den Akteur:innen der Neuen Rechten gezielt ausgenutzt, um ihre Botschaften zu verbreiten und Anhänger:innen zu gewinnen. Dabei kommen nicht nur emotionale Reaktionen und Zugehörigkeitsbedürfnisse zum Tragen, sondern auch strategische Manipulationen, die auf den psychologischen Mechanismen aufbauen. Die Neue Rechte nutzt Social Media als Plattform, um diese Mechanismen zu verstärken und zu kanalisieren. Im folgenden Abschnitt wird untersucht, welche spezifischen Strategien die Neue Rechte auf Social Media verfolgt, um ihre Anhänger:innen zu mobilisieren und ihre Ideologien zu verbreiten.

Strategien der Neuen Rechten auf Social Media

Nutzung von Social Media als Mobilisierungsinstrument

Social Media spielt eine zentrale Rolle bei der Mobilisierung der Neuen Rechten in Deutschland. Die AfD und andere rechtsextreme Gruppen haben Social Media-Plattformen genutzt, um ihre Anhänger:innen zu mobilisieren und politische Aktionen zu organisieren. Die rechtsextreme Gruppe Reconquista Germanica organisierte sich über einen Discord-Server und nutzte Social Media wie YouTube, Meta und X, um während der Bundestagswahl 2017 Desinformation zu verbreiten und AfD-Inhalte zu pushen. Hashtags, virale Kampagnen und gezielte Werbung sind einige der Instrumente, die von diesen Gruppen verwendet werden, um ihre Botschaften zu verbreiten und Unterstützung zu gewinnen. Ein Beispiel hierfür ist die Nutzung von Hashtags wie #MerkelMustGo, der während der Flüchtlingskrise populär wurde und die Ablehnung der deutschen Kanzlerin Angela Merkel propagierte (vgl. Puschmann, 2016). Diese Social Media-Initiativen haben nicht nur geholfen, Proteste zu organisieren, sondern auch eine Art digitale Identität für die Neue Rechte geschaffen, die sie als eine Bewegung darstellt, die gegen die „Mainstream"-Politik kämpft und die Interessen der „Volksgemeinschaft" vertritt. In dieser Hinsicht bieten Social Media-Plattformen den Akteur:innen der Neuen Rechten die Möglichkeit, eine breitere Öffentlichkeit zu erreichen und ihre politische Agenda durch eine Vielzahl von Kanälen zu fördern. Der Sturm auf das US-Kapitol am 6. Januar 2021, bei dem Anhänger:innen des ehemaligen Präsidenten Donald Trump das US-Kapitol in Washington D.C. stürmten, ist ein bedeutendes Beispiel für die Nutzung von Social Media als Mobilisierungsinstrument durch rechtsextreme Gruppen. Plattformen wie Telegram, Parler und X (ehemals Twitter) wurden verwendet, um die Aktion zu organisieren und Anhänger:innen zu mobilisieren. Über Telegram wurden Gruppen wie die Proud Boys und Oath Keepers aktiv, um die Teilnahme an der gewaltsamen Invasion des Kapitols zu koordinieren. In diesen Gruppen wurden Aufrufe zu „Patriotischen Aktionen" verbreitet und die Schaffung von „Unruhen" als legitim angesehen. Der Hashtag #StopTheSteal, der die Behauptungen über eine angebliche Wahlmanipulation verbreitete, wurde auf X (ehemals Twitter) und Meta (ehemals Facebook) massenhaft geteilt, um die Anhänger:innen zu mobilisieren und zu einer gewaltsamen Aktion zu ermutigen. Die „Unite the Right"-Demonstration 2017 in Charlottesville, USA, wurde größtenteils über Plattformen wie Gab und 4chan organisiert, wobei Teilnehmer mobilisiert und Strategien für maximale Sichtbarkeit in den Medien diskutiert wurden. Hashtags wie #MerkelMussWeg, #DefendEurope oder #Heimatliebe werden gezielt eingesetzt, um Inhalte zu bündeln und die Auffindbarkeit zu erhöhen. Auch subtile Variationen wie #DefendEuropa werden genutzt, um Plattformsperren zu umgehen . Nach diesen Ereignissen gab es weltweite Diskussionen über die Verantwortung von Social-Media-Plattformen und deren Rolle bei der Verbreitung extremistischer Inhalte. Plattformen wie Meta (ehemals Facebook) und X (ehemals Twitter) reagierten daraufhin, indem sie Konten von rechtsextremen Aktivisten und Verschwörungstheoretikern sperrten, aber auch den Ruf nach strikteren Kontrollen auf digitalen Plattformen lauter werden ließen.

Soziale Vernetzung und Kommunikation: Aufbau von Netzwerken und Verbindungen

Die digitale Vernetzung und der Aufbau von Netzwerken sind zentrale Elemente der Strategie der Neuen Rechten. Mithilfe sozialer Medien gelingt es dieser Bewegung, ein weitreichendes Netzwerk von Unterstützern und Gleichgesinnten zu etablieren. Social Media-Plattformen wie X (ehemals Twitter), Meta (ehemals Facebook), Telegram und YouTube dienen nicht nur der Verbreitung von Inhalten, sondern auch als Werkzeuge zur Schaffung einer transnationalen Bewegung. Die Möglichkeiten der digitalen Vernetzung erlauben es der Neuen Rechten, Beziehungen zu ähnlichen rechten Gruppen weltweit aufzubauen. Besonders stark ist die Verbindung zur Alt-Right-Bewegung in den USA. Diese transnationalen Beziehungen fördern den Austausch von Strategien, Inhalten und Ressourcen, wodurch die Bewegung ihre Effizienz und Reichweite erheblich steigern kann (vgl. Bennett & Livingston, 2018). Ein Beispiel ist die Adaption von Propagandamethoden: Die Alt-Right hat den strategischen Einsatz von Memes als Mittel visueller Propaganda etabliert, um politische Botschaften in einer leicht konsumierbaren, viralen Form zu verbreiten. Diese Methode wurde von der Neuen Rechten in Europa übernommen und weiterentwickelt, um ihre ideologischen Positionen zu verbreiten (vgl. Nagle, 2017). Darüber hinaus nutzen Netzwerke der Neuen Rechten finanzielle Strategien wie Crowdfunding und private Spenden, um ihre Infrastruktur auszubauen. Diese Mittel fließen in die Produktion professioneller Medieninhalte, die Organisation von Veranstaltungen und die Schaffung von Plattformen, die unabhängig von regulierten sozialen Netzwerken funktionieren. Die finanzielle Unterstützung macht es möglich, professionell produzierte Inhalte wie Videos, Podcasts und Online-Magazine zu erstellen, die eine hohe Reichweite erzielen und eine breite Zielgruppe ansprechen (vgl.Miller-Idriss, 2020). Ein wichtiger Faktor der transnationalen Vernetzung ist das Gemeinschaftsgefühl, das durch gemeinsame Feindbilder und ideologische Ziele gefördert wird. Diese globalen Verbindungen verstärken das Gefühl, Teil einer internationalen Bewegung zu sein, die sich gegen Globalisierung, Multikulturalismus und liberale Werte stellt. Dadurch gelingt es der Neuen Rechten, nationale Grenzen zu überwinden und ihre Anhänger:innen zu vereinen (vgl. Virchow, 2016). Zusätzlich zur ideologischen Zusammenarbeit bietet die Vernetzung praktische Vorteile. Gruppen können Ressourcen teilen, gemeinsame Kampagnen planen und sich gegenseitig bei der Verbreitung von Botschaften unterstützen. Plattformen wie Telegram spielen dabei eine zentrale Rolle, da sie sowohl öffentliche Kanäle zur Verbreitung von Inhalten als auch private Gruppen für die Koordination bieten. Diese Struktur macht die Bewegung flexibel und anpassungsfähig, was ihre Reichweite und Wirkungskraft zusätzlich erhöht. Die transnationale Dimension der Neuen Rechten zeigt, wie digitale Vernetzung die Reichweite und Koordination politischer Bewegungen revolutionieren kann. Die globale Zusammenarbeit ermöglicht es, Ressourcen effizient zu nutzen und Kampagnen mit größerer Wirkung umzusetzen. Diese Verbindungen machen die Neue Rechte zu einer mächtigen politischen Kraft, die in der Lage ist, nationale und internationale Debatten zu beeinflussen.

Zielgerichtete Kommunikation und Nutzung von Influencern

Ein weiteres wichtiges Element der Social-Media-Strategie der Neuen Rechten ist die Zusammenarbeit mit Influencern und die Schaffung einer breiten „Influencer-Kultur", die die ideologische Agenda fördert. Der rechtsextreme YouTuber Stefan Molyneux nutzte seinen Kanal, um pseudowissenschaftliche Theorien über Rasse und Intelligenz zu verbreiten. Er kooperierte mit anderen Influencern, um Reichweite zu generieren. Influencer sind zunehmend in der Lage, ihre Reichweite zu monetarisieren und große Follower:innen-Gruppen zu mobilisieren. Lauren Southern, eine bekannte rechte Influencerin, produzierte Dokumentationen wie „Borderless", die gezielt Migration als Bedrohung inszenierten. Ihre Reichweite wurde durch ihre strategische Präsenz auf X (ehemals Twitter) und Instagram verstärkt. Diese Entwicklung wird von der Neuen Rechten gezielt genutzt, um ihre Botschaften subtil zu verbreiten. Im digitalen Raum sind Influencer in der Lage, politische Botschaften zu verbreiten, ohne direkt als parteiisch wahrgenommen zu werden. Sie können ihre Anhänger:innen durch Lifestyle-Posts, Videos oder einfache Erwähnungen in ihren sozialen Medien beeinflussen. Diese Art der Kommunikation ist besonders effektiv, weil sie nicht den Eindruck erweckt, dass es sich um politische Werbung handelt. Stattdessen wird die Agenda der Neuen Rechten in den alltäglichen Content integriert, der für die Nutzer:innen als Teil ihrer Lebensrealität erscheint (vgl. Klein, 2020). Ein Beispiel dafür ist die Verwendung von Lifestyle-Influencern, die nicht direkt politische Inhalte teilen, aber durch ihre Präsentation von „traditionellen" oder „authentischen" Werten eine rechtsextreme Ideologie vermitteln. Influencer, die beispielsweise nationale Symbolik in ihren Posts verwenden oder sich gegen „politische Korrektheit" aussprechen, tragen dazu bei, eine breitere Zielgruppe für die Ideen der Neuen Rechten zu gewinnen. Diese subtile Form der politischen Kommunikation hat den

Vorteil, dass sie schwieriger zu erkennen ist und somit die Möglichkeit bietet, sich einer breiteren Öffentlichkeit zu präsentieren, ohne sofort mit extremistischen Inhalten konfrontiert zu werden (vgl.Wodak, 2015). Die rechte Szene hat spezifische Strategien entwickelt, um unterschiedliche Zielgruppen anzusprechen. Jede Zielgruppe wird mit einer maßgeschneiderten Botschaft angesprochen, die auf ihre Interessen und Unsicherheiten abzielt. Jugendliche sind besonders empfänglich für Botschaften, die sich gegen das Establishment richten und ein Gefühl der Rebellion vermitteln. Rechtsextreme nutzen Popkultur, Memes und humorvolle Inhalte, um sich als „cool" und „anders" darzustellen. Über soziale Medien und Plattformen wie TikTok oder Instagram wird eine Mischung aus Unterhaltung und Ideologie verbreitet, die für junge Menschen zugänglich ist. Menschen, die sich wirtschaftlich oder sozial benachteiligt fühlen, sind eine weitere Zielgruppe. Die rechte Szene nutzt Frustration und Ausgrenzungserfahrungen, um Feindbilder wie Migrant:innen oder „Eliten" zu schaffen. Diese Gruppen werden durch einfache Erklärungen für komplexe Probleme angesprochen, was die Anziehungskraft erhöht. In der „Manosphere", einem Netzwerk aus Männerrechtlern, Incels und antifeministischen Gruppen, findet die rechte Szene Anschluss. Sie verbindet die Kritik an Feminismus und „modernen Geschlechterrollen" mit rechtsextremen Ideologien. Hier werden Männer angesprochen, die sich von gesellschaftlichen Veränderungen bedroht fühlen. Gruppen wie die „Proud Boys" propagieren traditionelle Männlichkeitsbilder und kombinieren diese mit nationalistischen und rechtsextremen Ideen, um männliche Anhänger:innen zu gewinnen.

Die Rolle von Frauen in der rechten Szene auf Social Media

Traditionell wird die rechte Szene oft als männlich-dominierter Raum wahrgenommen. Doch Social Media hat es Frauen erleichtert, aktiv an der Szene teilzunehmen und dabei oft eine spezifische Rolle einzunehmen. Frauen agieren häufig als Multiplikatorinnen, die ideologische Inhalte in einem harmlosen Kontext verbreiten, etwa durch Lifestyle-Blogs, Instagram-Accounts oder Mutter-Communities (vgl. Müller & Schmidt, 2021). Die deutsche Influencerin Lisa Licentia trat in der rechten Szene als „bürgerliche Stimme" auf, um rechtsextreme Ideologien attraktiv und harmlos erscheinen zu lassen. Sie kombinierte Lifestyle- und politische Inhalte. Dabei betonen die Frauen oft traditionelle Geschlechterrollen und Familienwerte, die als Kern der Ideologie der Szene dienen (vgl. Klein, 2022). Diese Werte dienen nicht nur der Ideologie der rechten Szene, sondern werden auch strategisch eingesetzt, um eine breitere Zielgruppe anzusprechen. Insbesondere in sozialen Netzwerken wirken die Inhalte durch ihren harmlosen und alltäglichen Charakter weniger aggressiv und anstößig, was sie für eine größere Anzahl von Menschen zugänglich macht (vgl. Becker, 2020). Frauen wie Brittany Pettibone (USA) nutzen Plattformen wie YouTube, um eine vermeintlich feministische und intellektuelle Perspektive auf rechte Ideologien zu präsentieren, wobei sie subtile Narrative zur Förderung weißer Identität integrierten. Durch diese Strategie wird die Szene für ein breiteres Publikum attraktiv, da die Inhalte weniger konfrontativ wirken. Gleichzeitig tragen Frauen entscheidend zur Normalisierung rechter Ideologien bei, da sie diese in alltägliche, nicht-politische Kontexte einbinden und so die Ideologien scheinbar unaufdringlich in den Alltag integrieren (vgl. Klein, 2022). Diese Taktik hat das Potenzial, rechtsextreme Ideologien langfristig in gesellschaftliche Diskurse zu integrieren und neue Zielgruppen zu erreichen, die bislang möglicherweise nicht in Kontakt mit solchen Ideen gekommen wären (vgl. Müller & Schmidt, 2021). Extrem rechte Frauen nutzen geschickt Social-Media-Plattformen wie Instagram, YouTube und Telegram, um ihre menschenfeindliche Ideologie zu verbreiten, indem sie sich als harmlose, aber einflussreiche Figuren inszenieren. Der Artikel beschreibt, wie sie sich in unterschiedlichen Rollen präsentieren, von traditionellen Mutterfiguren über starke, kämpferische Persönlichkeiten bis hin zu verführerischen Darstellungen, die auf den männlichen Blick ausgerichtet sind. Diese Frauen gewinnen eine junge Zielgruppe, indem sie ihre extrem rechten Botschaften emotional verpacken und den Eindruck von Nähe und Intimität aufbauen. Besonders auf Plattformen wie Instagram hat die extreme Rechte einen hohen Einfluss, wobei ein wachsender Anteil der Rekrutierungen auf diesen Kanälen stattfindet. Influencerinnen der „neuen" Rechten, im Gegensatz zu den klassischen Neonazi-Influencerinnen, die oft offensichtlicher ihre Ideologie zur Schau stellen, setzen auf subtile Inszenierungen und nutzen ansprechende ästhetische Darstellungen, um ihre extremistischen Ansichten zu verbreiten. Dabei bedienen sie sich oft populärer Themen wie Mutterschaft und Gesundheit, die sie mit völkischen Ideologien kombinieren. Ein weiterer Aspekt der Manipulation ist die Erzeugung einer parasozialen Beziehung, bei der Follower:innen sich emotional an die Influencerinnen binden und so die verbreiteten Botschaften stärker aufnehmen. Besonders auffällig ist der antifeministische Diskurs, der von diesen Influencerinnen verbreitet wird. Sie stellen modernen Feminismus als schädlich für die traditionelle Familie und klassische Geschlechterrollen dar und propagieren ein Weltbild, das stark von Sexismus, Rassismus und Antisemitismus geprägt ist. Diese Online-Strategien zielen darauf ab, eine neue Generation von Anhänger:innen zu gewinnen und bestehende gesellschaftliche Normen zu destabilisieren. Ein zentrales Ziel der extrem rechten Propaganda besteht darin, Ängste gegenüber Migrantinnen zu schüren, indem sie diese als Bedrohung für die „deutsche Heimat" darstellt. Besonders wird dabei das Bild von Migrant:innen als potenzielle Täter:innen:innen sexueller Übergriffe auf „deutsche" Frauen propagiert, wobei extrem rechte Frauen die Idee vertreten, dass Männer ihre Männlichkeit wiederfinden und ihre Frauen vor Migrant:innen schützen müssen. Dies steht im Einklang mit einem traditionellen Rollenverständnis, in dem auch die Darstellung idyllischer Landschaften genutzt wird, um die Vorstellung zu fördern, dass Migrantinnen diese Heimat bedrohen. Diese Propaganda richtet sich ebenfalls an Männer, die, so die Argumentation, zur Verteidigung ihrer Familie und Heimat aufgerufen sind. Frauen innerhalb der extrem rechten Szene kritisieren nicht nur den Feminismus, sondern lehnen ihn ab, um eine vermeintlich authentische Weiblichkeit zu betonen (vgl. Ayyadi, 2018). Frauen werden in der extrem rechten Szene auch als Bedrohung für die innere Sicherheit betrachtet, wobei der „Identitäre Bewegung" (IB) führende Vertreter:innen wie Martin Sellner die Vorstellung vertreten, dass Frauen aufgrund ihrer Emotionalität nicht in der Lage seien, Politik zu machen. Laut dieser Argumentation sind Männer erfolgreicher, weil sie weniger von Emotionen geleitet werden. Diese Sichtweise ist eng mit der Vorstellung verbunden, dass der Feminismus die Männlichkeit schwäche und dadurch die Stärke des Nationalstaats untergrabe (vgl. Al-Khalaf, 2018). Die Entwicklung extrem rechter Influencerinnen ist eng mit der IB verbunden. Nach der Sperrung offizieller IB-Accounts durch soziale Netzwerke wie Meta (ehemals Facebook) und Instagram im Jahr 2018 wandte sich die Bewegung zunehmend privaten Accounts zu, um ihre Botschaften zu verbreiten. Besonders die Frauen der ersten Generation (2012-2019) der IB, viele von ihnen mittlerweile Mütter, haben sich teilweise aus der Öffentlichkeit zurückgezogen und betonen ihre Rückkehr zu traditionellen Geschlechterrollen (vgl. Lauer, 2017). In diesem Zusammenhang ist Reinhild Boßdorf eine herausragende Figur. Sie ist in extrem rechten Netzwerken aktiv und setzt ihre Einflusskraft in antifeministischen Projekten wie „Lukreta" ein, das sich gegen sexualisierte Gewalt durch Migrant:innen richtet (vgl.Ayyadi, 2020). Marie-Thérèse Kaiser, eine prominente AfD-Mitglied, nutzt soziale Medien wie Instagram, um für ihre Partei und deren politische Agenda zu werben, wobei sie das klassische Bild einer attraktiven jungen Frau nutzt, um die politische Botschaft der AfD zu vermitteln. Kaiser gehört zu einer neuen Generation von AfD-Aktivistinnen, die soziale Medien für politische Zwecke nutzen, um ihre extrem rechte Ideologie zu verbreiten (vgl. Correctiv, 2020). Darüber hinaus sind Frauen wie Charlotte Corday, eine YouTuberin und Aktivistin, in der extrem rechten Szene aktiv. Sie folgt einer intellektuellen Inszenierung, die eine Kritik am Feminismus und eine Betonung traditioneller Geschlechterrollen umfasst. In ihren Videos kritisiert sie die „toxische Weiblichkeit" und unterstützt die Vorstellung, dass der Feminismus schädlich für die Gesellschaft sei (vgl. Hansen, 2022). Die Vernetzung dieser extrem rechten Frauen untereinander ist auffällig, da sie in vielen Fällen gemeinsame Projekte und Medienformate produzieren, die den Hass gegen Migrant:innen und den Feminismus normalisieren und verbreiten. Diese Netzwerke dienen dazu, extrem rechte Ideologien in die Mitte der Gesellschaft zu tragen und die soziale Akzeptanz für rassistische und menschenfeindliche Einstellungen zu fördern (vgl. Ayyadi, 2020).

Emotionalisierung und Manipulation

Ein zentraler Bestandteil der Strategien der Neuen Rechten auf Social Media ist die Emotionalisierung und Manipulation der öffentlichen Meinung. Manipulation der öffentlichen Meinung bezieht sich auf die absichtliche Steuerung und Beeinflussung der Wahrnehmung der Öffentlichkeit durch selektive Informationen, emotionale Ansprache oder verzerrte Darstellungen. Diese Praxis wird häufig von politischen Akteur:innen und Medien eingesetzt, um bestimmte Ziele zu erreichen, wie etwa die Unterstützung für eine politische Agenda oder die Beeinflussung von Wahlergebnissen. In der Ära digitaler Medien hat die Manipulation der öffentlichen Meinung durch soziale Netzwerke und Fake News erheblich zugenommen. Die AfD und andere rechtsextreme Gruppen nutzen gezielt emotional aufgeladene Themen, um ihre Anhänger:innen zu mobilisieren und die allgemeine Bevölkerung zu polarisieren. Besonders die Themen Migration und nationale Identität werden häufig genutzt, um Ängste zu schüren und ein Gefühl der Bedrohung zu erzeugen. Inhalte werden so gestaltet, dass sie hohe emotionale Reaktionen auslösen, was die Wahrscheinlichkeit erhöht, dass sie durch Algorithmen priorisiert werden. Die rechtsextreme Kampagne „Defend Europe" zeigte dramatische Bilder und Videos von Migrant:innenbooten, die angeblich europäische Küsten „überfluten". Die emotionalen Inhalte erzeugten Angst und stärkten das Narrativ einer „Bedrohung Europas". Diese emotionalen Reaktionen sind besonders effektiv, weil sie das rationale Denken der Menschen umgehen und stattdessen tiefere, oft unbewusste Ängste ansprechen, die zu politischem Handeln motivieren können (vgl. Betz & Meret, 2013). Ein Beispiel für diese emotionalisierte Politik ist die wiederholte Verwendung von Begriffen wie „Überfremdung" oder „Volkstod", die die Vorstellung verstärken, dass die deutsche Kultur und Identität durch Zuwanderung bedroht werden. Auf Telegram-Kanälen werden regelmäßig Bilder von „deutschen Opfern" geteilt, wie etwa Verbrechen mit migrantischen Täter:innen:innenn, um Emotionen wie Wut und

Angst zu schüren. Diese Rhetorik spielt auf kollektive Ängste an und sorgt dafür, dass die politische Debatte zunehmend von Gefühlen der Bedrohung und Unsicherheit geprägt wird. Diese emotionalen Diskurse, die von der AfD und anderen rechten Gruppen verbreitet werden, schaffen eine Atmosphäre der Angst und verleihen den politischen Zielen der Neuen Rechten eine scheinbare Dringlichkeit. Darüber hinaus nutzt die Neue Rechte Social Media als eine Art Verstärker, um solche Ängste zu verbreiten und den Diskurs zu dominieren. Narrative wie der „Volkstod" oder die „Islamisierung Europas" zielen darauf ab, ein Gefühl der Bedrohung und Dringlichkeit zu erzeugen. Diese Inhalte werden oft mit emotionalisierten Bildern oder Videos verstärkt. Durch die kontinuierliche Wiederholung von Bedrohungsszenarien und die gezielte Verbreitung von Angst verbreiten sich diese Botschaften rasch in den sozialen Medien und erreichen ein großes Publikum. Diese Art der emotionalen Manipulation hat nicht nur Auswirkungen auf das politische Verhalten, sondern auch auf die Wahrnehmung der Gesellschaft insgesamt, da sie zu einer zunehmenden Polarisierung führt und die gesellschaftliche Mitte in Frage stellt (vgl. Groshek & Al-Rawi, 2019).

Psychologische und emotionale Manipulation zur Anhängergewinnung

Die Mobilisierung durch Emotionalisierung ist eine besonders wirkungsvolle Strategie, die von der "Neuen Rechten" genutzt wird, um breite Bevölkerungsschichten für ihre ideologischen Ziele zu gewinnen. Dabei setzen die Akteure gezielt auf die Schaffung und Verstärkung emotionaler Reaktionen, indem sie Bedrohungsszenarien inszenieren und diese stark emotional aufladen. Diese Strategie ist effektiv, weil Emotionen, insbesondere Angst und Wut, mächtige Motivatoren für menschliches Verhalten sind und Menschen dazu bringen können, sich stärker zu engagieren und zu mobilisieren. Ein zentrales Element dieser Strategie ist die Darstellung von Bedrohungsszenarien, die tief verwurzelte Ängste und Unsicherheiten in der Bevölkerung ansprechen. Ein prominentes Beispiel hierfür ist die häufig verwendete Rhetorik der sogenannten „Überfremdung", die suggeriert, dass die kulturelle Identität und der gesellschaftliche Zusammenhalt durch die Präsenz von Migrant:innen und Flüchtlingen bedroht seien. Diese Art von Narrativ nutzt und verstärkt vorhandene Ängste vor dem Verlust nationaler oder kultureller Identität und spielt mit der Befürchtung, dass die Gesellschaft durch eine steigende Zahl von Menschen aus anderen Kulturen „überflutet" wird (vgl. Mudde, 2019). In Frankreich verbreitete die rechtsextreme Bewegung „Génération Identitaire" Videos, die Flüchtlinge als Invasoren darstellten, um die Unterstützung für ihren Grenzschutz-Einsatz in den Alpen zu gewinnen. Die Videos gingen viral und erhielten massive mediale Aufmerksamkeit. Ein weiteres häufig genutztes Bedrohungsszenario ist der „Niedergang des Abendlandes". Diese Erzählung basiert auf der Vorstellung, dass die westliche Zivilisation in Gefahr ist, durch äußere Einflüsse wie Globalisierung, Islamisierung oder den Verfall traditioneller Werte zerstört zu werden. Solche Szenarien werden nicht nur als warnende Zukunftsvisionen dargestellt, sondern oft als bereits beginnende Prozesse, die nur durch entschlossenes Handeln aufgehalten werden können (vgl. Salzborn, 2017). Diese Art von Diskurs appelliert an ein Gefühl der Dringlichkeit und mobilisiert Menschen, sich politisch zu engagieren, um die vermeintliche Bedrohung abzuwenden. Die Effektivität dieser emotionalisierten Botschaften liegt in ihrer Fähigkeit, starke emotionale Reaktionen hervorzurufen, die oft zu einer irrationalen oder übertriebenen Wahrnehmung der tatsächlichen Bedrohung führen. Indem die "Neue Rechte" solche emotional aufgeladenen Szenarien verbreitet, verstärkt sie die Ängste in der Bevölkerung und schafft ein Gefühl der Unsicherheit und des Bedrohtseins. Studien zeigen, dass Menschen, die sich bedroht fühlen, eher dazu neigen, autoritäre und extremistische politische Positionen zu unterstützen (vgl. Wodak, 2015). Dies macht die Emotionalisierung zu einer äußerst wirkungsvollen Methode, um Unterstützung für rechtsextreme Ideologien zu mobilisieren. Ein weiteres Ziel der Emotionalisierung ist es, politische Gegner zu delegitimieren und zu dämonisieren. Indem politische Gegner als Bedrohung für die nationale oder kulturelle Identität dargestellt werden, wird die politische Auseinandersetzung emotionalisiert und polarisiert. Dies kann dazu führen, dass rationale Diskussionen erschwert oder unmöglich gemacht werden und politische Debatten zunehmend in moralische Konflikte umgewandelt werden, bei denen es um existenzielle Fragen von „Gut" und „Böse" geht (vgl. Betz & Meret, 2013). In einem solchen emotional aufgeladenen Klima ist es einfacher, Unterstützung für radikale politische Maßnahmen zu gewinnen, da die Gegner als existenzielle Bedrohung wahrgenommen werden. Die Mobilisierung durch Emotionalisierung nutzt also die menschliche Neigung, auf Bedrohungen mit starken emotionalen Reaktionen zu reagieren, und verstärkt diese Reaktionen durch gezielte mediale und rhetorische Strategien. Indem die „Neue Rechte" diese emotionalen Reaktionen schürt, schafft sie nicht nur ein Klima der Angst und Unsicherheit, sondern erhöht auch die Bereitschaft der Menschen, sich politisch zu engagieren, oft in einer Weise, die zu einer weiteren Radikalisierung führt. Diese Strategie ist besonders effektiv, da sie tief sitzende Ängste anspricht und diese in eine politische Mobilisierung überführt, die die Ziele der extremen Rechten unterstützt (vgl. Rydgren, 2018).

Verbreitung von Desinformationen

Desinformation bezeichnet die absichtliche Verbreitung falscher oder irreführender Informationen, um die öffentliche Meinung zu manipulieren oder politische Ziele zu verfolgen. Sie unterscheidet sich von Fehlinformation, da letztere unbeabsichtigt verbreitet wird. Desinformation wird häufig in sozialen Netzwerken verbreitet, um Misstrauen zu säen, politische Gegner zu diskreditieren oder Konflikte zu schüren. Während der US-Wahl 2020 verbreiteten rechtsextreme Gruppen Gerüchte über massive Wahlfälschungen, oft über Videos, die manipuliert oder aus dem Kontext gerissen wurden. Hashtags wie #StopTheSteal gingen viral. Desinformation ist ein weiteres zentrales Werkzeug der Neuen Rechten in der digitalen Ära. Die bewusste Verbreitung von Falschinformationen hat das Ziel, die öffentliche Wahrnehmung zu manipulieren und politische Ziele zu erreichen. In Deutschland wurden in den letzten Jahren immer wieder Fälle von Desinformation dokumentiert, bei denen falsche Informationen über Migrant:innen, Flüchtlinge und politische Gegner verbreitet wurden. Diese Falschinformationen zielen darauf ab, Ängste und Misstrauen zu schüren und die politische Debatte zu polarisieren (vgl. Lazer et al., 2018). Ein Beispiel für die Verbreitung von Desinformationen ist die Kampagne rund um die „Kölner Silvesternacht" von 2015/2016. In dieser Nacht wurden angeblich von Flüchtlingen begangene Straftaten in den sozialen Medien verbreitet, was zu einer weit verbreiteten Welle der Empörung führte. Es stellte sich jedoch heraus, dass viele der Berichte entweder übertrieben oder einfach falsch waren. Dennoch trugen sie zur weiteren Stigmatisierung von Migrant:innen und Flüchtlingen bei und wurden von rechtsextremen Gruppen genutzt, um ihre Agenda zu stärken. Die rechtsextreme Webseite PI-News veröffentlichte wiederholt falsche Informationen über Verbrechen von Migrant:innen, die später widerlegt wurden, jedoch massive Verbreitung fanden. Social Media-Plattformen, insbesondere Meta (ehemals Facebook) und X (ehemals Twitter), haben eine Schlüsselrolle bei der schnellen Verbreitung solcher Fehlinformationen gespielt. Die „Querdenken"-Bewegung in Deutschland, die sich gegen die Corona-Maßnahmen stellte, ist ein weiteres Beispiel dafür, wie rechtsextreme Gruppierungen Social Media nutzen, um eine breite Öffentlichkeit zu erreichen und zu mobilisieren. Auf Telegram, Meta (ehemals Facebook) und Instagram verbreiteten sich die Protestslogans und Videos, die die Corona-Pandemie als „Lüge" darstellten. Die Bewegung wurde von Rechtspopulisten und extremen Gruppierungen wie der AfD unterstützt und instrumentalisiert, um die Proteste gegen die Regierung zu verstärken. Zu den Kernbotschaften gehörte, dass die Pandemie übertrieben oder sogar absichtlich erzeugt wurde, um die Freiheit der Bürger zu unterdrücken. Diese Bewegung verbreitete gezielt Desinformation, die oft mit gezielten Manipulationen der wissenschaftlichen Fakten zur Pandemie einherging. Verschwörungstheorien, die die Pandemie als eine globale Verschwörung darstellten, wurden innerhalb von Telegram-Gruppen verbreitet und fanden bei rechtsextremen Akteur:innen Anklang. Die Teilnahme von Rechtsextremen an den Querdenken-Protesten führte zu einer starken Polarisierung der öffentlichen Meinung und sorgte für eine Zunahme der Reichweite extremistischer Inhalte. Die Verbreitung von Desinformationen hat schwerwiegende Auswirkungen auf die Demokratie, da sie das Vertrauen in institutionelle Medien und in die politische Klasse untergräbt. Sie fördert die Bildung von Filterblasen und Echokammern, in denen Menschen nur noch Informationen erhalten, die ihre bestehenden Überzeugungen bestätigen. Eine Filterblase ist ein Zustand, in dem Nutzer:innen von Online-Plattformen nur noch mit Informationen konfrontiert werden, die ihre bestehenden Überzeugungen bestätigen. Algorithmen, die in sozialen Netzwerken und Suchmaschinen verwendet werden, personalisieren Inhalte und verstärken die Wahrnehmung von Informationen, die bereits mit den Interessen und Ansichten der Nutzer:innen übereinstimmen. Dies führt zu einer Verengung des Horizonts und der Bildung einer einseitigen Sichtweise auf gesellschaftliche und politische Themen. Die Echokammer beschreibt eine Situation, in der Informationen, die innerhalb einer Gruppe oder eines sozialen Netzwerks geteilt werden, immer wieder bestätigt und verstärkt werden. Ähnlich wie bei einer Filterblase wird der Austausch von Meinungen und Informationen auf gleichgesinnte Nutzer:innen beschränkt, sodass extreme oder unkritische Ansichten nicht hinterfragt, sondern weitergetragen werden. Dies fördert die Polarisierung und verstärkt bereits bestehende Vorurteile. Dies erschwert nicht nur die politische Debatte, sondern verstärkt auch die gesellschaftliche Polarisierung und radikalisiert politische Standpunkte (vgl. Benkler et al., 2018).

Whataboutism als Ablenkungsmanöver

Eine weitere Strategie, die häufig von der Neuen Rechten verwendet wird, ist das sogenannte Whataboutism. Diese Taktik kann als Ausweichmanöver beschrieben werden, das darauf abzielt, das Gespräch auf ein anderes Thema zu lenken. Wenn beispielsweise rechte Gewalttaten diskutiert werden, bringen die Akteure häufig Opfer linker Gewalttaten ins Spiel. Auf Telegram verbreiten rechtsextreme Kanäle bei Berichten über rassistische Übergriffe oft den Satz: „Aber Migrant:innen begehen mehr Straftaten – warum redet niemand darüber? Ziel dieser Argumentation ist es, die vorgebrachte Kritik durch den Hinweis auf vermeintlich ähnliche Missstände oder Taten des politischen Gegners zu relativieren. Diese Form der Argumentation wird genutzt, um eine Diskussion zu unterbrechen oder zu verhindern. Ein besonderes Merkmal von Whataboutism ist, dass die Gewalttaten, die angeführt werden, in der Regel solche sind, die die politische Agenda der Neuen Rechten unterstützen. Hierbei werden insbesondere Fälle thematisiert, in denen Menschen mit Migrationshintergrund als potenzielle Täter:innen:innen infrage kommen. Durch diese gezielte Auswahl wird das Ziel verfolgt, von eigenen Schwächen abzulenken und das Gespräch in eine Richtung zu lenken, die für die eigene politische Agenda vorteilhaft ist (vgl. Jellonek & Reichesch, 2018). Insgesamt zeigen diese beiden Strategien, wie die Neue Rechte sprachliche Mittel nutzt, um ihre ideologischen Positionen zu verbreiten und gleichzeitig Kritik zu entziehen. Die Verwendung von Dogwhistling und Whataboutism stellt eine Herausforderung für die öffentliche Debatte dar, da sie es ermöglichen, fragwürdige Inhalte zu verbreiten und gleichzeitig vor rechtlichen und moralischen Konsequenzen zu schützen.

Diskreditierung und Angriffe auf politische Gegner

Die aggressive Diskreditierung und die Angriffe auf politische Gegner sind wesentliche Bestandteile der Kommunikationsstrategie der "Neuen Rechten". Diese Methode zielt darauf ab, das Vertrauen in politische Institutionen, etablierte Medien und gegnerische politische Akteure zu untergraben, um die eigene Ideologie als "wahre Stimme des Volkes" zu positionieren. Die "Neue Rechte" nutzt dabei eine Reihe von Taktiken, die von der Verbreitung von Fehlinformationen über das Initiieren von Shitstorms bis hin zu gezielten Verleumdungskampagnen reichen. Ein Shitstorm bezeichnet eine massive, oft emotional aufgeladene Welle der Kritik oder Empörung, die sich in sozialen Medien gegen eine Person, Organisation oder ein Ereignis richtet. Diese Form der digitalen Empörungswelle kann schnell viral gehen und hat oft negative Folgen für die Betroffenen, wie den Verlust von Reputation oder wirtschaftlichen Schaden. Ein zentraler Aspekt dieser Strategie ist die Verbreitung von Fehlinformationen. Die "Neue Rechte" nutzt gezielt Falschmeldungen oder manipulierte Informationen, um ihre politischen Gegner zu diskreditieren und deren Glaubwürdigkeit zu untergraben. Diese Fehlinformationen werden oft in sozialen Netzwerken verbreitet, wo sie sich schnell und weitreichend verbreiten können, insbesondere wenn sie emotional aufgeladen sind oder an bestehende Vorurteile anknüpfen (vgl. Marwick & Lewis, 2017). Die schnelle und oft unkontrollierte Verbreitung solcher Inhalte trägt dazu bei, die öffentliche Meinung zu manipulieren und das Vertrauen in etablierte Medien zu schwächen, die in der Regel als Teil des "Establishments" dargestellt werden, gegen das die "Neue Rechte" kämpft. Ein weiteres Instrument der "Neuen Rechten" ist das Erzeugen von sogenannten Shitstorms, gezielten Online-Angriffen auf Einzelpersonen oder Organisationen, die als politische Gegner identifiziert wurden. Diese Shitstorms sind oft gut organisiert und werden durch die Mobilisierung einer großen Anzahl von Anhänger:innen der "Neuen Rechten" in sozialen Netzwerken durchgeführt. Das Ziel dieser Kampagnen ist es, den Angegriffenen öffentlich zu demütigen, ihren Ruf zu schädigen und sie zum Schweigen zu bringen. Die rechtsextreme Bewegung „Patriot Prayer" in den USA griff Aktivisten der „Black Lives Matter"-Bewegung in

Social Media regelmäßig als „Marxisten" oder „Feinde der Nation" an. Politiker:innen wie Claudia Roth (Grüne) werden in rechten Netzwerken oft mit diffamierenden Bildern dargestellt, die sie als „Deutschlandhasserin" oder „Kollaborateurin" bezeichnen. Diese Form der digitalen Gewalt kann erheblichen psychologischen und sozialen Druck auf die betroffenen Personen ausüben und sie in ihrer beruflichen und persönlichen Existenz bedrohen (vgl. Hawley, 2017). Darüber hinaus betreibt die "Neue Rechte" gezielte Verleumdungskampagnen gegen politische Gegner. Diese Kampagnen beinhalten oft die Verbreitung von diffamierenden Behauptungen oder die systematische Verzerrung von Aussagen und Positionen, um die betroffenen Personen in ein schlechtes Licht zu rücken. Ein prominentes Beispiel hierfür ist die wiederholte Darstellung von politischen Gegnern als "Volksverräter" oder als Teil einer vermeintlichen Verschwörung gegen die Interessen des Volkes (vgl. Nagle, 2017). Solche Angriffe sind darauf ausgelegt, die Legitimität der politischen Gegner infrage zu stellen und die eigene Position als moralisch überlegen und im Einklang mit den "wahren" Interessen des Volkes darzustellen. Diese Angriffe auf politische Gegner haben mehrere Effekte. Zum einen tragen sie dazu bei, die politische Landschaft weiter zu polarisieren, indem sie den öffentlichen Diskurs radikalisieren und die Fronten verhärten. Zum anderen stärken sie die Anhänger:innenschaft der "Neuen Rechten", die sich in ihrer Opposition gegen das politische Establishment und die Medien bestätigt sieht. Indem die "Neue Rechte" sich als einzige Kraft darstellt, die gegen die vermeintliche Korruption und Verlogenheit des Establishments ankämpft, gelingt es ihr, eine emotionale Bindung zu ihren Anhänger:innen aufzubauen und ihre eigene Position zu festigen (vgl.Winter, 2019). Insgesamt zeigt sich, dass die aggressive Diskreditierung und die Angriffe auf politische Gegner eine zentrale Rolle in der Strategie der "Neuen Rechten" spielen. Diese Taktiken dienen nicht nur dazu, die Gegner zu schwächen, sondern auch dazu, die eigene Bewegung zu stärken und sich als "wahre Stimme des Volkes" zu präsentieren. Die langfristigen Auswirkungen dieser Strategie sind tiefgreifend, da sie das Vertrauen in demokratische Institutionen und den öffentlichen Diskurs erheblich untergraben können.

Tarnung als „bürgerliche Stimmen"

Eine der wirksamsten und zugleich gefährlichsten Strategien der „Neuen Rechten" ist die Tarnung als bürgerliche Stimmen, bei der sich Akteure als scheinbar normale, besorgte Bürger oder harmlose Influencer präsentieren. Diese Strategie zielt darauf ab, rechtsextreme Botschaften auf subtile Weise in den gesellschaftlichen Diskurs zu integrieren und dabei den extremistischen Charakter ihrer Ideologie zu verschleiern. Durch diese Tarnung gelingt es ihnen, breitere Bevölkerungsschichten anzusprechen und ihre Inhalte zu normalisieren. Die Strategie der Tarnung nutzt die Ästhetik und den Kommunikationsstil, die typischerweise mit bürgerlichem Engagement und alltäglichen Influencer-Aktivitäten assoziiert werden. Rechtsextreme Akteure inszenieren sich bewusst als "ganz normale" Bürger, die ihre Sorgen und Meinungen über gesellschaftliche Entwicklungen äußern. In der Diskussion über die Flüchtlingskrise nutzte die rechtsextreme AfD gezielt Begriffe wie „Asylchaos", um sich als Vertreter:innen bürgerlicher Interessen zu positionieren, ohne extremistisch zu wirken. Diese Inszenierung verstärkt den Eindruck von Authentizität und Bürgernähe, wodurch die extremistischen Inhalte weniger bedrohlich wirken und leichter akzeptiert werden können (vgl. Ebner, 2017). Durch die Verwendung alltäglicher Themen wie Familie, Heimat und Kultur werden unterschwellig rechtsextreme Ideen propagiert, die auf den ersten Blick als legitime gesellschaftliche Diskussionen erscheinen. Ein zentrales Element dieser Strategie ist die gezielte Einbettung rechtsextremer Botschaften in ansonsten unauffällige oder sogar positive Inhalte. Rechtsextreme Influencer nutzen soziale Medien, um Themen aufzugreifen, die gesellschaftliche Ängste und Unsicherheiten ansprechen, wie etwa Migration, Kriminalität oder wirtschaftliche Unsicherheit. Diese Themen werden jedoch nicht neutral behandelt, sondern mit subtilen Andeutungen und Symbolen versehen, die auf rechtsextreme Ideologien hinweisen. Beispielsweise können harmlose Lifestyle-Beiträge mit Symbolen oder Slogans versehen werden, die für Eingeweihte klar rechtsextreme Botschaften transportieren, während sie für andere Betrachter als unbedeutend erscheinen mögen (vgl. Winter, 2019). Ein weiterer Aspekt dieser Tarnung ist die bewusste Vermeidung von offen extremistischer Rhetorik. Stattdessen verwenden die Akteure eine Sprache, die sich an bürgerlichen und demokratischen Werten orientiert, um ihre Ideologien als legitime politische Meinungen darzustellen. Diese Taktik erschwert es der breiten Öffentlichkeit und den Plattformbetreibern, die extremistische Natur der Inhalte sofort zu erkennen und angemessen darauf zu reagieren (vgl. Krämer, 2017). Zudem wird durch diese Strategie die Hemmschwelle für eine breitere Bevölkerung gesenkt, sich mit diesen Inhalten zu beschäftigen oder sie sogar zu unterstützen. Die Tarnung als bürgerliche Stimme ermöglicht es rechtsextremen Akteur:innen, eine breite Anhänger:innenschaft zu gewinnen, die möglicherweise nicht sofort erkennt, dass sie einer rechtsextremen Ideologie ausgesetzt ist. Durch die subtile Platzierung ihrer Botschaften erreichen sie nicht nur ihre Zielgruppe, sondern können auch auf Meinungsbildner und Entscheidungsträger einwirken, die in der Annahme, es handele sich um legitime Bürgeranliegen, auf diese Themen reagieren. Diese Strategie trägt somit erheblich zur Verbreitung und Normalisierung rechtsextremer Ideologien in der Gesellschaft bei und stellt eine erhebliche Herausforderung für die Bekämpfung von Extremismus im digitalen Zeitalter dar (vgl. Bayer et al., 2021).

Verzerrung und Instrumentalisierung wissenschaftlicher Inhalte

Die "Neue Rechte" nutzt eine raffinierte Strategie, um ihre ideologischen Positionen zu untermauern und in den öffentlichen Diskurs einzubringen: die Verzerrung und Instrumentalisierung wissenschaftlicher Inhalte. Diese Taktik zielt darauf ab, ihren extremistischen Ansichten einen Anstrich von Seriosität und Legitimität zu verleihen, indem wissenschaftliche Diskurse bewusst falsch interpretiert oder aus dem Kontext gerissen werden. Die Verwendung wissenschaftlicher Begriffe und Studien, die oft auf den ersten Blick seriös erscheinen, soll die Glaubwürdigkeit ihrer Botschaften erhöhen und diese für ein breiteres, auch akademisch gebildetes Publikum zugänglich machen. Ein zentraler Aspekt dieser Strategie ist die selektive Auswahl von Studien und wissenschaftlichen Arbeiten, die scheinbar ihre ideologischen Ansichten unterstützen. Oft werden einzelne Ergebnisse aus dem Gesamtzusammenhang gerissen und so dargestellt, dass sie die politischen Ziele der „Neuen Rechten" fördern. So kann beispielsweise eine Studie, die Unterschiede zwischen verschiedenen Gruppen untersucht, so interpretiert werden, dass sie rassistische Ideologien stützt, obwohl dies nicht die Intention oder das Ergebnis der Studie war (vgl. Köhler, 2016). Die Methode der „cherry-picking", bei der nur die passenden Informationen genutzt werden, während widersprechende Erkenntnisse ignoriert oder diskreditiert werden, ist dabei besonders verbreitet. Studien über Kriminalitätsraten werden aus dem Kontext gerissen, um die angeblich überproportionale Kriminalität von Migrant:innen zu betonen. Ein weiteres charakteristisches Merkmal der Instrumentalisierung wissenschaftlicher Inhalte durch die „Neue Rechte" ist die Schaffung eines scheinbar wissenschaftlichen Diskurses, der in Wahrheit auf pseudowissenschaftlichen Annahmen basiert. Diese Pseudowissenschaftlichkeit nutzt wissenschaftliche Begriffe und Konzepte, ohne sie korrekt anzuwenden oder ihre Bedeutung vollständig zu verstehen. Dies führt zu einer Verzerrung wissenschaftlicher Erkenntnisse, die dann als vermeintliche Beweise für ideologische Überzeugungen präsentiert werden (vgl. Salzborn, 2017). Ein Beispiel hierfür ist die Nutzung von Begriffen wie „kulturelle Identität" oder „Ethnopluralismus", die in den Diskursen der Neuen Rechten auftauchen und auf den ersten Blick wissenschaftlich klingen, aber in ihrem Kontext ideologisch aufgeladen und verzerrt verwendet werden (vgl. Bennhold, 2018). Die "Neue Rechte" geht dabei strategisch vor, um ihre wissenschaftlich anmutenden Positionen in den öffentlichen Diskurs einzuspeisen und sie für ein intellektuelles Publikum anschlussfähig zu machen. Indem sie ihre Argumentationen mit wissenschaftlichen Begriffen untermauert, versucht sie, sich von offenem Extremismus abzugrenzen und als legitime politische Kraft zu positionieren, die ernst genommen werden sollte. Dies führt dazu, dass ihre Positionen in akademische Debatten und Medienberichte Eingang finden können, was wiederum zur Normalisierung extremistischer Ansichten beiträgt (vgl. Heinze, 2017). Rechtsextreme Netzwerke verbreiten unter anderem häufig pseudowissenschaftliche Theorien, wie die These, dass genetische Unterschiede zwischen Ethnien Intelligenz beeinflussen würden (z. B. „The Bell Curve"). Ein weiteres Ziel dieser Strategie ist es, Zweifel an etablierten wissenschaftlichen Erkenntnissen zu säen und das Vertrauen in wissenschaftliche Institutionen zu untergraben. Indem die „Neue Rechte" wissenschaftliche Inhalte verzerrt darstellt, stellt sie die Objektivität und Integrität der Wissenschaft infrage und fördert eine allgemeine Skepsis gegenüber Expertenwissen. Dies ist besonders in gesellschaftlichen Debatten relevant, die für ihre ideologischen Ziele von zentraler Bedeutung sind, wie etwa die Diskussionen um Migration, Klimawandel oder Geschlechterfragen (vgl. Mudde, 2019). Durch die Verbreitung von pseudowissenschaftlichen Argumenten wird der wissenschaftliche Konsens untergraben und die Verwirrung in der Öffentlichkeit verstärkt, was es leichter macht, eigene ideologische Positionen als gleichwertige Alternativen darzustellen. Zusammenfassend lässt sich sagen, dass die Verzerrung und Instrumentalisierung wissenschaftlicher Inhalte durch die „Neue Rechte" eine bewusste und gefährliche Strategie ist, um ihre extremistischen Ideologien zu legitimieren und in den öffentlichen Diskurs einzubringen. Durch die gezielte Manipulation wissenschaftlicher Diskurse gelingt es ihnen, ihre Positionen als scheinbar fundierte und seriöse Beiträge zu gesellschaftlichen Debatten zu präsentieren, was die Gefahr birgt, dass diese extremistischen Ansichten in der breiten Öffentlichkeit auf fruchtbaren Boden fallen und an Akzeptanz gewinnen. Der Begriff ‚Lügenpresse' wird häufig von der Neuen Rechten verwendet, um die traditionelle Medienlandschaft zu delegitimieren und Journalisten der Lüge oder der Manipulation zu bezichtigen. Ursprünglich wurde der Begriff in autoritären Regimen eingesetzt, um den freien Journalismus zu unterdrücken und die öffentliche Meinung zu kontrollieren. In modernen populistischen Bewegungen wird der Begriff genutzt, um das Vertrauen in etablierte Medien zu untergraben und alternative, meist ideologisch geprägte Informationsquellen zu fördern.

Vernetzung und Gründung von Parallelgesellschaften

Ein weiterer wichtiger Punkt der Social-Media-Strategie der Neuen Rechten ist die Schaffung von „Parallelgesellschaften" im digitalen Raum. Foren sind Plattformen, auf denen Nutzer:innen ihre Meinungen, Fragen und Ansichten zu verschiedenen Themen austauschen können. Diese digitalen Räume bieten oft die Möglichkeit für anonyme oder halb-anonyme Beiträge und fördern die Bildung von Communitys und Netzwerken. Allerdings können Online-Foren auch als Brutstätten für extremistische Ideologien dienen, da sie wenig Moderation bieten und extreme Ansichten ungehindert verbreitet werden können. Plattformen wie Telegram und alternative Foren bieten rechtsextremen Gruppen die Möglichkeit, eigene Kommunikationsräume zu schaffen, in denen sie sich von der breiten Öffentlichkeit abgrenzen können. Diese Parallelgesellschaften bestehen häufig aus einem Netzwerk von Foren, Kanälen und Gruppen, die sich gegenseitig verstärken, indem sie ihre eigenen Nachrichten verbreiten und eine alternative Realität konstruieren. In diesen digitalen Räumen können sich Anhänger:innen der Neuen Rechten austauschen, sich gegenseitig bestärken und ihre Weltanschauungen ohne äußere Einflüsse weiterentwickeln. Diese Echokammern sind ein ideales Werkzeug, um die ideologische Reinheit zu wahren und die eigene Community zu radikalisieren. Studien zeigen, dass Mitglieder von extremistischen Gruppen, die sich in solchen Parallelgesellschaften bewegen, ein erhöhtes Risiko haben, radikalisiert zu werden (vgl. Benkler et al., 2018). Beispielsweise hat die „Identitäre Bewegung" Social Media genutzt, um eine Parallelgesellschaft zu schaffen, die sich bewusst von der „Mainstream-Gesellschaft" abhebt. Diese Bewegung hat eigene Plattformen entwickelt und arbeitet mit Kanälen wie YouTube, Telegram und Meta (ehemals Facebook), um ihre Botschaften gezielt an ihre Anhänger:innen zu vermitteln. Parallelgesellschaften im digitalen Raum wirken als Nährboden für radikale politische Ideen, da sie den Austausch von alternativen, oft rassistischen oder nationalistischen Ideologien fördern und gleichzeitig den Kontakt zu kritischen Perspektiven vermeiden. Gruppen wie „Siedler von Morgen" in Deutschland versuchen gezielt, autonome Dorfgemeinschaften mit rechtsextremen Ideologien zu schaffen und versuchen somit die digitale Gemeinschaft auch offline zusammen-kommen zu lassen. In den USA gründen White-Supremacy-Gruppen eigene Schulen und Kirchen, die ausschließlich ihrer Ideologie dienen.

Psychologische Manipulation durch Gemeinschaftsbildung

Die Schaffung von Gemeinschaften ist ein weiteres psychologisches Werkzeug, das von der Neuen Rechten effektiv genutzt wird, um eine emotionale Bindung zu ihren Anhänger:innen aufzubauen. Gemeinschaften auf Social Media fördern das Gefühl der Zugehörigkeit und bieten ein starkes Gefühl der „Wir-Gemeinschaft", das politisch mobilisierend wirken kann. Die Zugehörigkeit zu einer solchen Gemeinschaft gibt den Mitgliedern nicht nur ein soziales Netzwerk, sondern auch ein Gefühl von Bestätigung und Zugehörigkeit.

Ein Beispiel hierfür ist die Nutzung von Social Media durch die „Identitäre Bewegung", die ihre Anhänger:innen in eine exklusive Gemeinschaft von „wahren" Patrioten einführt. Diese Gemeinschaften werden durch ständige Bestätigung von Ideologien und durch den Austausch von Gedanken und Argumenten verstärkt. Der psychologische Effekt dieser Gemeinschaftsbildung ist besonders stark, da er es den Mitgliedern ermöglicht, sich in einem sicheren Raum auszudrücken und gleichzeitig die Gemeinschaft zu stärken.

Diese Form der psychologischen Manipulation basiert auf den Prinzipien der Gruppenzugehörigkeit und der sozialen Bestätigung und führt dazu, dass die Anhänger:innen zunehmend radikalisierte Positionen einnehmen, die sie in anderen sozialen Kontexten möglicherweise nicht vertreten würden.

Musik, Mode und Lifestyle als Anwerbungsmethoden

Die Neue Rechte nutzt Subkulturen gezielt, um junge Menschen durch kulturelle Elemente wie Musik, Mode und Lifestyle zu erreichen. Eine Subkultur bezeichnet eine Gruppe innerhalb einer größeren Gesellschaft, die sich durch eigene Werte, Normen, Verhaltensweisen und oft auch eine besondere Ästhetik von der Mehrheit unterscheidet. In politischen Kontexten entstehen Subkulturen oft als Widerstand gegen die dominante Kultur oder als Gegenbewegung zu gesellschaftlichen Normen. In rechtsextremen Bewegungen entstehen solche Subkulturen häufig, um eine Gemeinschaft aufzubauen, die gegen die politische und soziale Ordnung der breiten Gesellschaft gerichtet ist. Diese Elemente fungieren als Brücke, um ideologische Inhalte in scheinbar harmlosen kulturellen Kontexten zu verankern. Besonders hervorzuheben ist die Rolle von Musik, die in rechtsextremen Kreisen eine lange Tradition hat. Genres wie Rechtsrock und National Socialist Black Metal (NSBM) bieten nicht nur ideologisch aufgeladene Texte, sondern schaffen auch Gemeinschaftserlebnisse durch Konzerte und Festivals. Diese Veranstaltungen dienen der Rekrutierung und Festigung der Anhänger:innenschaft (vgl.Häusler, 2018). Die Band Kategorie C kombiniert Musik mit rechtsextremen Texten und tritt auf Veranstaltungen auf, um neue Anhänger:innen für die Szene zu gewinnen. Mode spielt eine ebenso zentrale Rolle in der Identitätsbildung der Neuen Rechten. Marken wie „Thor Steinar" oder „Ansgar Aryan" haben sich in der Szene etabliert und sind ein wichtiges Mittel zur Selbstinszenierung. Diese Marken transportieren durch ihre Symbole und Designs Botschaften wie Nationalstolz und Traditionalismus, ohne direkt extremistische Inhalte zu zeigen. Dies macht sie für junge Menschen besonders attraktiv, da sie eine rebellische Ästhetik mit klaren Zugehörigkeitszeichen kombinieren (vgl. Pilkington, 2021). Ein Beispiel für die erfolgreiche Verbindung von Lifestyle und Ideologie ist die Bewegung „Identitäre Generation". Diese nutzt moderne Ästhetik, modische Kleidung und professionelle Videoproduktionen, um junge Menschen anzusprechen. Durch den Einsatz von Social Media als Hauptmedium ihrer Kommunikation ist es der Bewegung gelungen, sich als jugendliches und dynamisches Kollektiv zu inszenieren, das sich gegen den „kulturellen Verfall" wehrt.

Die Neue Rechte nutzt kulturelle Elemente wie Musik, Mode und Lifestyle als eine Art „ideologische Verpackung", um junge Menschen anzusprechen. Neben Rechtsrock und National Socialist Black Metal (NSBM) hat sich ein breiteres Spektrum an Subkulturen entwickelt, das von rechtsextremen Gruppen genutzt wird, um politische Inhalte zu verbreiten. Die Texte dieser Musik sind oft kryptisch, enthalten aber klare Botschaften von Rassismus, Nationalismus oder Antisemitismus. Thor Steinar, Ansgar Aryan und andere rechtsextreme Modemarken spielen eine zentrale Rolle bei der Identitätsbildung der Szene. Diese Marken verwenden subtile Symbolik, die für Außenstehende nicht immer sofort erkennbar ist, aber für Eingeweihte eine klare Botschaft transportiert. Zusätzlich schafft die Verbindung von Mode und Musik eine Art Gemeinschaftserlebnis, das den Eintritt in die Szene erleichtert. Besonders die Identitäre Bewegung nutzt diese kulturellen Elemente, um sich als modern, jugendlich und aktivistisch zu präsentieren. Videos und Social-Media-Kampagnen dieser Gruppe kombinieren professionelle Ästhetik mit Botschaften des „Kulturkampfes", was sie für Jugendliche besonders ansprechend macht (vgl. Häusler, 2018).

Idealisierte Gewaltästhetik durch Gaming und Livestreams

Videospiel-Motive werden zunehmend als strategisches Mittel in der Inszenierung extremistischer Gewalt eingesetzt. In Deutschland spielt fast jeder Zweite zumindest gelegentlich Videospiele, und dieser Kulturbereich umfasst alle Altersgruppen, wobei Männer leicht überrepräsentiert sind. Neben ihrer Rolle als bedeutender Wirtschaftszweig sind Videospiele fest in die Popkultur integriert. Diese mediale Präsenz nutzen verschiedene Akteur:innen gezielt. Zum Beispiel greifen militärische Institutionen wie die US-Armee und die Bundeswehr auf die Bildsprache von Videospielen zurück, um junge Menschen anzusprechen. Die US-Armee entwickelte den kostenlosen Shooter „America's Army", in dem Spieler:innen als Soldat:innen agieren können, während die Bundeswehr auf der Gamescom 2018 Werbeplakate mit Sprüchen wie „Multiplayer at its best" präsentierte (vgl. Flaig, 2018). Solche Ästhetiken werden jedoch nicht nur im Marketing genutzt. Auch terroristische Gruppen wie der „Islamische Staat" greifen in ihrer Propaganda bewusst auf Videospiel-Motive zurück, um junge, medienaffine Zielgruppen anzusprechen. Beispielsweise verwendete der IS Slogans wie „This is our call of duty and we respawn in jannah", wobei sie die im Gaming populäre „Respawn"-Funktion (Neubeginn nach dem virtuellen Tod) auf ihre extremistische Ideologie übertrugen (vgl. Dauber et al., 2019). In speziellen Propagandavideos des IS sind Elemente wie First-Person-Perspektiven und Drohnenaufnahmen zu sehen, die an eine „Mini-Map" erinnern und eine distanzierte, spielartige Gewalterfahrung simulieren, ohne brutale Details zu zeigen. Der Zweck dieser Darstellungen liegt in der Schaffung einer idealisierten Gewaltästhetik, die – anders als im echten Kampf – distanziert und kontrolliert wirkt. Ähnliche Inszenierungsstrategien fanden bei rechtsterroristischen Anschlägen wie dem in Christchurch Anwendung. Der Täter:innen:innen nutzte Social Media, um individualisierte Waffen mit symbolischen Aufschriften, darunter neonazistische Symbole wie die „14 Words" und historische Bezüge wie „Tours 732", zu verbreiten (vgl. VBRG, 2020). Die Personalisierung der Waffen erinnert an „Weapon Skins" aus Multiplayer-Shootern, was bei Gamer:innen eine gewisse Wiedererkennbarkeit schafft. Zudem kleiden sich Mitglieder rechtsextremer

Gruppen wie der „Atomwaffen Division" oft ähnlich wie Figuren aus populären Shootern wie „Call of Duty" – mit Masken und Kleidung, die an Kommandosoldat:innen erinnern. Solche Referenzen erzeugen eine Art „popkulturelles Echo", das die extreme Rechte gezielt als Kommunikationsmittel einsetzt (vgl. Richardson, 2006; Waldmann, 2011). Diese Anspielungen auf Videospiele dienen somit nicht nur der Botschaftsverbreitung, sondern unterstreichen die popkulturelle Sozialisation der Täter:innen:innen. Die Ästhetik des „Kriegers", wie sie in First-Person-Shootern dargestellt wird – schwer bewaffnet und in einer kriegerischen Mission – spiegelt die Ideale soldatischer Männlichkeit wider, die auch in rechtsextremen Kreisen verbreitet sind (vgl. Fizek & Dippel, 2020; Virchow, 2010). Der bewusste Einsatz von Videospiel-Motiven stellt daher keinen Versuch dar, reale Gewalt als Spiel zu inszenieren, sondern eine gezielte Strategie, die vorherrschenden Sehgewohnheiten digitaler Kulturen anzusprechen und so die ideologische Verbreitung zu verstärken.

Der Einsatz von Livestreaming in rechtsterroristischen Anschlägen wirft die Frage auf, ob die Tat durch diese Methode "gamifiziert" wird, also ob die Gewaltdarstellung durch die Ähnlichkeit zu Ego-Shooter-Spielen wie „Call of Duty" oder „Battlefield" zu einer spielartigen Erfahrung wird (vgl. Evans, 2019; Sieber, 2019; Fizek & Dippel, 2020). Durch die Helmkamera-Perspektive wird das Geschehen in einer Art „First-Person-View" gezeigt, was Assoziationen zu Videospielen wachruft. Doch trotz dieser visuellen Parallelen wird die Gewalttat für den Täter:innen:innen nicht zu einem Spiel – die Nähe zum Opfer und der physische Kontakt lassen sich kaum mit der distanzierten, oft als „spielähnlich" beschriebenen Erfahrung von Drohnenoperationen vergleichen (vgl. Collins, 2011). Obwohl das Streaming von Anschlägen nicht direkt eine spielartige Erfahrung für Zuschauer schafft, erinnert die Ästhetik solcher Übertragungen oft an „Let's Play"-Videos, die bei Gaming-Fans beliebt sind. Die Zuschauer können durch Kommentare interagieren, beeinflussen das Geschehen jedoch nicht direkt, was die interaktive Dynamik eines Spiels nicht erreicht (vgl. Sofsky, 2002). Hierbei handelt es sich um eine Form demonstrativer Gewalt, bei der die Täter:innen:innen durch Livestreams und die vorherige Ankündigung ihrer Taten ein Gefühl der öffentlichen Bestätigung suchen, das sie moralisch bindet und die Bereitschaft zur Durchführung der Tat erhöht. Diese „permanente

Beobachtung" durch ein imaginäres Publikum, wie Chris Schattka (2020) beschreibt, erzeugt einen zusätzlichen sozialen Druck, der den Täter:innen:innen zu weiteren Handlungen motiviert. Rechtsextreme Täter:innen:innen nutzen Livestreaming auch als Mittel zur Schaffung eines spezifischen Narrativs, welches durch die Vorabverbreitung der Streaming-Links gezielt in radikalen Kreisen aufgenommen wird. Sie hoffen dabei, ihre Taten nicht nur als gewaltsame Aktionen, sondern als symbolische Akte an ihre Zielgruppe zu kommunizieren und dort weiter zu radikalisieren (vgl. Leuschner, 2020). Laut Randall Collins (2011) erzeugt die Vorstellung eines aktiven Publikums einen erhöhten sozialen Druck auf den Täter:innen:innen, von der Tat nicht mehr zurückzutreten. Diese Wahrnehmung ist jedoch stark subjektiv, da das Publikum nur ein imaginierter, nicht direkt involvierter Faktor bleibt, dessen tatsächliche Reaktionen unbekannt sind. Das Livestreaming schafft eine erweiterte Aufmerksamkeit und trägt zur Verbreitung extremistischer Ideologien bei, ohne jedoch die vollständige Kontrolle über die Interpretation der Tat zu garantieren. Der Täter:innen:innen des Anschlags in Halle im Jahr 2019 etwa dokumentierte den Angriff in einer Weise, die ihm die Illusion von Kontrolle und Zielerfüllung vermittelte – er plante seine Tat detailliert und schrieb über sein antisemitisches und rassistisches Motiv in einem Manifest, das seine Abscheu und Feindseligkeit gegen bestimmte Gruppen reflektierte. Wie Schattka (2020) verdeutlicht, führte das Scheitern des ursprünglichen Plans, die Synagoge anzugreifen, zu einer improvisierten Attacke in einem Döner-Imbiss. Der Druck durch das imaginierte Publikum trug dazu bei, dass der Täter:innen:innen trotz des Scheiterns seine Tat fortsetzte, um sich selbst und seinen Zuschauern als „erfolgreich" darzustellen. In diesem Kontext sind Livestreams in terroristischen Akten nicht als "Gamifizierung" zu verstehen, sondern als Erweiterung des öffentlichen Terror-Spektrums und als Mittel, mit dem rechtsextreme Täter:innen:innen ihre Handlungen als Teil einer ideologischen Performance inszenieren. Diese Darstellungen zielen darauf ab, ihre extremistischen Ansichten in einem „virtuellen Publikum" zu verstärken und als ideologisches Werkzeug zu nutzen (vgl. Sofsky, 2002; Collins, 2011; Schattka, 2020). Das moderne Gaming ist mehr als ein Hobby: Es ist ein umfangreicher popkultureller Raum, der durch Plattformen, Netzwerke und Communities ein vielfältiges Publikum anspricht – darunter zunehmend Jugendliche und junge Erwachsene. Dieser Raum wird jedoch zunehmend von rechtsextremen Akteur:innen instrumentalisiert, die gezielt Propaganda in Spiele- und Gaming-Communities streuen. Rechtsextreme nutzen dabei populäre Gaming-Ästhetiken und -Codes, um Inhalte subtiler zu platzieren und auf diese Weise neue Anhänger zu gewinnen. Über Memes und Videos, die oft dem Stil beliebter Spiele nachempfunden sind, wird menschenverachtendes Gedankengut verbreitet, was die Attraktivität solcher Inhalte für junge Menschen erhöht (vgl. Conway & Dillon, 2020). Einige Subkulturen im Gaming sind besonders anfällig für die Verbreitung rechtsextremer Narrative, da sie auf sarkastischem Humor, Provokation und bewusster Grenzüberschreitung basieren. In solchen Umfeldern wird oft mit rassistischen oder sexistischen Inhalten kokettiert, und nationalsozialistische Symbole oder Witze über den Holocaust erscheinen hier nicht selten. Während viele Gamer:innen diese Inhalte als „schwarzen Humor" betrachten und sich möglicherweise nicht explizit rechtsextrem identifizieren, tragen sie unbewusst zur Normalisierung rechtsextremer Gedankengänge bei. Dadurch wird eine Atmosphäre geschaffen, die gezielte Propaganda begünstigt (vgl. Miller-Idriss, 2020). Rechtsextreme Gruppen und Einzelpersonen nutzen gezielt Plattformen wie Discord, Twitch und Steam, die in der Gaming-Community weit verbreitet sind, um dort auf subversive Weise Inhalte zu teilen und sich mit jungen Menschen zu vernetzen. Solche digitalen Infrastrukturen sind oft nur wenig reguliert, was den Weg für den Austausch und die Verstärkung extremistischer Ideen ebnet (vgl. Ahmed, 2021). Seit den 1980er Jahren entwickeln rechtsextreme Gruppen sogar eigene Videospiele, die gezielt antisemitische und rassistische Inhalte enthalten. Diese Spiele sind oft harmlos aufgemacht, können aber gezielt extremistische Narrative transportieren und eine ideologische Vorbereitung für die breite Szene liefern (vgl. Kreuger & Snyder, 2019). In der Gaming-Szene verbreitet sich auch die Vorstellung, dass rechtsextreme Aktivitäten selbst wie ein „Multiplayer-Game" gestaltet werden können, um Gemeinschaftsgefühle zu stärken und eine vermeintliche „Rebellion" zu inszenieren. Ein Beispiel ist der sogenannte „Infokrieg", der jungen Menschen das Gefühl vermittelt, Teil eines wirksamen, „heldenhaften" Widerstands gegen gesellschaftliche Normen zu sein (vgl. Weimann & Masri,

2021). Die Verbindung zwischen Gaming und rechtsextremen Anschlägen zeigt sich auch an den Ereignissen der Jahre 2019 und 2020, in denen Täter:innen:innen ihre Taten aus Ego-Shooter-Perspektive filmten und auf Gaming-Plattformen verbreiteten. Diese Perspektive und das Einbringen von Gaming-Begriffen in die begleitenden Aussagen sorgten dafür, dass die Angriffe in rechtsextremen Foren als „Highscores" betrachtet und die Täter:innen:innen gefeiert wurden (vgl. Holt et al., 2020). Solche Aktivitäten deuten darauf hin, dass Gaming nicht nur als unterhaltsames Medium, sondern als strategischer Raum für Radikalisierung und Gewaltverherrlichung genutzt wird.

Taktiken zur Zensurumgehung und Selbstzensur

Die Neue Rechte nutzt in erheblichem Maße auch Methoden, um die Moderation und Zensur von Social Media zu umgehen. Während große Plattformen wie Meta (ehemals Facebook) und X (ehemals Twitter) zunehmend versuchen, extremistische Inhalte zu löschen, hat die Neue Rechte eine Vielzahl von Taktiken entwickelt, um diese Zensur zu umgehen und ihre Botschaften weiterhin zu verbreiten. Rechtsextreme nutzen Begriffe wie „Obergrenzen fordern" anstelle von „Flüchtlinge ablehnen", um Sperrungen auf Plattformen wie Meta (ehemals Facebook) zu vermeiden. Eine dieser Taktiken ist die Verwendung von codierten Symbolen, verschlüsselten Botschaften und verschleierten Hashtags. Diese werden verwendet, um die automatische Moderation von Inhalten zu umgehen, ohne dass die Plattformbetreiber die Inhalte sofort als problematisch identifizieren können. Die Verwendung von „Dogwhistles" und verschlüsselten Botschaften ermöglicht es der Neuen Rechten, ihre Ideologie zu verbreiten, ohne dass die breite Öffentlichkeit sofort erkennt, um welche Inhalte es sich handelt. Darüber hinaus gibt es die Strategie der Selbstzensur, bei der die Akteure der Neuen Rechten auf bestimmte Ausdrücke oder Inhalte verzichten, die sofort als extremistisch wahrgenommen würden. Auf Telegram werden Namen von politischen Gegnern codiert oder abgekürzt, um rechtliche Konsequenzen zu umgehen. Stattdessen verwenden sie neutrale oder weniger kontroverse Begriffe, um ähnliche Botschaften zu verbreiten. Ein Beispiel hierfür ist die Verwendung von Begriffen wie „Heimatliebe" oder „Volk" anstelle expliziter rassistischer oder nationalistischer Begriffe. Diese Taktik zielt darauf ab, die Inhalte im digitalen Raum zu legitimieren, während sie ihre ursprüngliche Bedeutung für die Anhänger:innen beibehält (vgl.Groshek & Al-Rawi, 2019).

Symbole und Codes der Neuen Rechten

Sticker mit Zahlenkombinationen an Laternen, Ampeln oder Heckscheiben, Buchstabenkombinationen als Tätowierung, auf T-Shirts oder in online Foren – Aspekte, die womöglich nicht sofort auffallen, können bewusst verwendete Codes von Rechtsextremen sein, um antidemokratische, rassistische oder antisemitische Inhalte auszudrücken. Welche Codes gibt es und was ist deren Funktion? Rechtsextreme Codes sind verschlüsselte Botschaften, die primär an szeneinterne Mitglieder gesendet werden. Dabei wird oftmals von dem Prinzip der „Dog Whistles" (eng. Hundepfeifen) gesprochen, da lediglich Eingeweihte die genaue Botschaft verstehen und darauf reagieren. Außerdem können verfassungsfeindliche Inhalte in chiffrierter Form transportiert werden, um strafrechtlich relevante Grenzen zu umgehen.

Während manche der hier beschriebenen Codes einen direkten Bezug zum Nationalsozialismus aufweisen, ist dies kein zwingend notwendiges Merkmal der Kommunikation. Gleichermaßen muss darauf verwiesen werden, dass entsprechende Codes stetig von der rechtsextremistischen Szene angepasst und verändert werden, weswegen es zwangsläufig zu neuen Entwicklungen kommt.

Besonders wichtig zu betonen ist, dass rechtsextreme Codes mit der Intention der Verbreitung von rechtsextremem Gedankengut verwendet werden, ansonsten handelt es sich lediglich um „normale" Zahlen. Ist auf einem Autokennzeichen eine „88" vorzufinden, da die Person beispielsweise im Jahr 1988 geboren wurde, lässt sich kein Transport eines rechtsextremistischen Weltbildes erkennen.

Als außenstehende Person kann es unter Umständen schwer sein, entsprechende Codes zu erkennen, zu deuten und anschließend zu verstehen. Jedoch ist es aus demokratischer Perspektive unerlässlich, entsprechende Codes zu kennen, denn nur dann ist ein wehrhafter Umgang mit rechtsextremistischen Einflüssen möglich.

Rechtsextremistische Zahlencodes

14: Verweist auf das aus den USA stammende rassistische Glaubensbekenntnis „Fourteen Words" – „We must secure the existence of our people and a future for white children."

88: Verweist auf den achten Buchstaben im Alphabet, also das „H", und dient somit als Abkürzung für den Hitlergruß. Als Alternative wird auch „2x44" verwendet.

1488: Stellt eine Kombination der beiden vorherigen Codes dar und wird vor allem im internationalen Kontext verwendet.

18: Während die „1" für ersten (A) und die „8" für achten (H) Buchstaben im Alphabet stehen, bildet die Kombination aus beiden die Initialen von Adolf Hitler.

28: Während die „2" für den zweiten (B) und die „8" für den achten Buchstaben (H) im Alphabet steht, bildet die Kombination aus beiden die Initialen des rechtsextremistischen Netzwerkes „Blood and Honour" – in Anlehnung an das Motto der Hitlerjugend („Blut und Ehre").

C18: Während das „C" für Combat steht, wird auch hier erneut der Code „18" verwendet, was für Combat Adolf Hitler, dem bewaffneten Arm innerhalb des rechtsextremen Netzwerkes von Blood and Honour, steht.

168:1: Ist zurückzuführen auf dem amerikanischen Rechtsterroristen Timothy McVeigh, der 1995 in den USA 168 Menschen tötete und 2001 hingerichtet wurde. Dieser Code wird vor allem zur Unterstützung von Gewalt verwendet.

1919: Die Zahl „19" verweist auf den neunzehntesten (S) Buchstaben im Alphabet und dient somit als Code für die Waffen SS.

311: Dreimal der elfte (K) Buchstabe im Alphabet verweist auf den KKK – die Abkürzung des Ku-Klux-Klans.

444: Verweist auf den vierten (D) Buchstaben im Alphabet und bedeutet entschlüsselt „Deutschland den Deutschen".

Diese Zahlencodes sind nicht nur Mittel der Identifikation, sondern auch ein Ausdruck der Ideologie und des gemeinsamen Glaubens der jeweiligen Gruppen. Sie ermöglichen es Mitgliedern, sich zu erkennen und gleichzeitig eine gewisse Anonymität zu wahren, was besonders in der digitalen Kommunikation von Bedeutung ist.

Rechtsextreme Gruppen nutzen spezifische Datumsangaben, um historische Ereignisse zu commemorieren und ihre Ideologien zu propagieren. Diese Tage dienen häufig als Anlässe für Demonstrationen, Gedenkveranstaltungen oder andere Aktionen innerhalb der Szene. Im Folgenden sind einige bedeutende Datumsangaben aufgeführt:

13.02.: Verweist auf den Bombenangriff der Alliierten auf Dresden und dient als Demonstrationstag der rechtsextremen Szene.

20.04.: Verweist auf den Geburtstag von Adolf Hitler.

17.08.: Verweist auf den Tag des Selbstmordes vom Hitler-Stellvertreter Rudolf Heß im Gefängnis Spandau und bedient eine Verschwörung um dessen Tod.

Diese Datumsangaben sind integrale Bestandteile der rechtsextremen Symbolik und helfen, die Gemeinschaft innerhalb der Bewegung zu festigen und ihre ideologischen Botschaften zu verstärken.

In der rechtsextremen Szene werden häufig Buchstabencodes verwendet, um bestimmte Ideologien oder Aufrufe zu kommunizieren. Diese Abkürzungen ermöglichen es den Mitgliedern, ihre Botschaften zu verschlüsseln und vor Außenstehenden zu verbergen. Hier sind einige der häufigsten Buchstabencodes:

GNLS: Abkürzung für „Good Night Left Side" (= "Gute Nacht, Linke") – Ist ein Gewaltaufruf gegenüber linken Akteur:innen.

RAHOWA: Abkürzung für „Racial Holy War" (= „heiliger Rassenkrieg") – Verweis auf die rassistische Vorstellung eines Krieges zwischen unterschiedlichen Religionen oder Ethnien.

WP: Abkürzung für „White Power" (= „weiße Macht") – Betont das zugrundeliegende rassistische Gedankengut der Szene.

ZOG: Abkürzung für „Zionist Occupied Government" (= „Zionistisch besetzte Regierung") – Verweis auf eine antisemitische Verschwörungsideologie.

Diese Buchstabencodes sind entscheidend für die Kommunikation innerhalb der rechtsextremen Bewegung und tragen zur Verbreitung ihrer ideologischen Inhalte bei.

Emojis sind in der digitalen Kommunikation weit verbreitet und werden häufig von rechtsextremen Gruppen verwendet, um ihre Botschaften zu kodieren oder bestimmte Ideologien zu propagieren. Hier sind einige Beispiele für Emojis und deren Bedeutungen innerhalb dieser Szene:

Schwarz, rot, weiße Herzen 🖤 ❤️ 🤍: Diese Kombination symbolisiert die Flagge des Deutschen Reiches und drückt eine positive Einstellung zum Deutschen Reich aus. Sie wird auch in der Reichsbürgerszene verwendet, um nationale und historische Identität zu betonen.

Winkende Person 🙋: Dieses Emoji wird umgedeutet, sodass es nicht als Winkgeste, sondern als ein Symbol für den Hitlergruß interpretiert wird. Diese Umdeutung verdeutlicht, wie alltägliche Symbole in einen politischen Kontext gestellt werden können.

Zwei Blitze ⚡⚡: Die Darstellung von zwei Blitzen soll die doppelte Sigrune, ein Symbol der SS, abbilden. Dieses Emoji wird verwendet, um eine Verbindung zur nationalsozialistischen Ideologie herzustellen.

Vampir 🧛: Der Vampir wird als „Blutsauger" interpretiert und dient als antisemitischer Code. Diese Darstellung spiegelt die feindlichen Stereotypen wider, die innerhalb der rechtsextremen Ideologie über jüdische Menschen verbreitet werden.

Schaf 🐑: In der verschwörungsideologischen Szene wird das Schaf verwendet, um andere Menschen als „Schlafschafe" zu degradieren. Diese Bezeichnung suggeriert, dass diese Menschen unkritisch und leicht zu manipulieren sind.

Die Verwendung dieser Emojis zeigt, wie rechtsextreme Gruppen moderne Kommunikationsmittel nutzen, um ihre Ideologien zu verbreiten und gleichzeitig eine kodierte Sprache zu schaffen, die es ihnen ermöglicht, ihre Botschaften zu tarnen.

Memes und visuelle Propaganda sind zentrale Elemente der Kommunikationsstrategien der Neuen Rechten. Diese digitalen Werkzeuge ermöglichen eine effektive Verbreitung ideologischer Botschaften, da sie komplexe Inhalte in verständlicher und oft unterhaltsamer Form präsentieren. Humorvolle, provokative oder sarkastische Memes nutzen Bildsprache und Kürze, um schnell Aufmerksamkeit zu erregen und virale Verbreitung zu fördern. Besonders erfolgreich ist diese Form der Kommunikation auf Social-Media-Plattformen wie X (ehemals Twitter), Meta (ehemals Facebook) und Instagram, wo visuell ansprechende Inhalte eine hohe Reichweite erzielen können (vgl. Nagle, 2017).

Ein wichtiges Merkmal der Meme-Kultur der Neuen Rechten ist die Verwendung popkultureller Referenzen. Indem bekannte Figuren, Filmszenen oder virale Internet-Trends adaptiert werden, entsteht eine Art Insider-Humor, der für bestimmte Zielgruppen ansprechend ist. Dieses visuelle Storytelling erleichtert es den Konsumenten, sich mit den Inhalten zu identifizieren und diese weiter zu verbreiten, was die Reichweite und Wirkung der Propaganda erhöht (vgl. Huntington, 2019). Humorvolle oder sarkastische

Memes ermöglichen es der Neuen Rechten, ihre Botschaften subtil zu verbreiten, sodass sie oft harmlos oder als alternative Meinung erscheinen (vgl. Bayer, 2020).

Ein weiterer Aspekt der visuellen Propaganda ist die gezielte Provokation. Memes, die kontroverse Themen oder extreme Standpunkte darstellen, zielen darauf ab, starke emotionale Reaktionen hervorzurufen. Diese Taktik dient nicht nur dazu, Aufmerksamkeit zu erregen, sondern auch Debatten zu entfachen, die die Sichtbarkeit der Inhalte erhöhen und die Beteiligung am Diskurs intensivieren. Die Neue Rechte nutzt Provokation, um das Meinungsumfeld zu verschieben und ihre extremen Positionen als legitime Alternativen darzustellen (vgl. Greene, 2021). Darüber hinaus umfasst die visuelle Propaganda der Neuen Rechten nicht nur humorvolle oder provokative Memes. Sie beinhaltet auch die Verwendung von Symbolik, ästhetisch ansprechenden Bildern und Videos, die die Werte und Ziele der Bewegung visuell unterstreichen. Solche Inhalte sind darauf ausgelegt, emotionale Verbindungen zu den Betrachtern herzustellen, sie ideologisch zu beeinflussen und sie zur Unterstützung der Bewegung zu motivieren. Oft werden traditionelle nationalistische Symbole mit modernen Designelementen kombiniert, um sowohl historische Kontinuität als auch zeitgemäße Relevanz zu suggerieren (vgl. Miller-Idriss, 2020).

Insgesamt zeigt die Nutzung von Memes und visueller Propaganda durch die Neue Rechte, wie digitale Medien zur effizienten und wirkungsvollen Verbreitung ideologischer Inhalte eingesetzt werden können. Durch die Kombination von humorvollen, provokativen und emotional ansprechenden visuellen Inhalten gelingt es der Bewegung, eine breite und diverse Zielgruppe zu erreichen und ihre politischen Botschaften tief im sozialen und kulturellen Diskurs zu verankern (vgl. Nagle, 2017; Bayer, 2020).

Alternative Netzwerke und Plattformen

Ein weiterer wichtiger Bestandteil der Strategie der Neuen Rechten ist die Verlagerung auf alternative Plattformen. Während große Plattformen wie Meta (ehemals Facebook), Instagram und X (ehemals Twitter) zunehmend Moderationsmaßnahmen gegen rechtsextreme Inhalte ergreifen, haben sich Netzwerke wie Telegram, Gab und Parler als Rückzugsorte für extremistische Gruppen etabliert. Diese Plattformen bieten nicht nur größere Meinungsfreiheit, sondern auch technische Möglichkeiten, Inhalte zu verschlüsseln und schwerer nachzuverfolgen. Dadurch entstehen abgeschottete digitale Räume, in denen sich Gleichgesinnte ohne äußere Eingriffe austauschen können (vgl. Ebner, 2020). Telegram hat sich besonders als effektives Werkzeug erwiesen, da es sowohl öffentliche Kanäle als auch private Gruppen bietet, in denen Inhalte schnell und ohne Einschränkungen verbreitet werden können. Rechtsextreme Gruppen nutzen diese Plattformen, um Desinformation zu streuen, Demonstrationen zu organisieren und ihre Anhänger:innen über politische Entwicklungen zu informieren. Die dezentrale Struktur dieser Plattformen erschwert es den Behörden, die Aktivitäten dieser Gruppen zu überwachen, was sie zu einem bevorzugten Ort für die Verbreitung extremistischer Inhalte macht. Ein Beispiel ist die Nutzung von Telegram durch die Gruppe „Querdenken", die während der COVID-19-Pandemie Desinformation und verschwörungstheoretische Inhalte verbreitete. Diese Inhalte fanden große Resonanz bei rechtsextremen Akteur:innen, die die Plattform nutzten, um Demonstrationen zu organisieren und neue Anhänger:innen zu rekrutieren. Die dezentrale Struktur dieser Plattformen erschwert die Überwachung durch Behörden und begünstigt die Verbreitung extremistischer Inhalte. Die zunehmende Regulierung von Mainstream-Plattformen wie Meta (ehemals Facebook), Instagram und X (ehemals Twitter) hat dazu geführt, dass rechtsextreme Gruppen vermehrt auf alternative Netzwerke ausweichen. Telegram, Gab und Parler haben sich als bevorzugte Plattformen etabliert, da sie weniger Moderation und größere Anonymität bieten. Insbesondere Telegram hat sich in den letzten Jahren zu einem zentralen Werkzeug der Neuen Rechten entwickelt. Über öffentliche Kanäle können Inhalte ohne

Einschränkungen verbreitet werden, während private Gruppen zur Organisation von Aktionen oder zur gezielten Rekrutierung genutzt werden. Ein herausragendes Beispiel ist die Nutzung von Telegram durch die „Querdenken"-Bewegung während der COVID-19-Pandemie. Diese Plattform wurde nicht nur für die Verbreitung von Desinformation genutzt, sondern auch zur Organisation von Demonstrationen, die häufig rechtsextreme Unterstützer anzogen. Die dezentrale Struktur von Telegram erschwert es, solche Netzwerke zu überwachen und Inhalte zu regulieren, was es für rechtsextreme Gruppen besonders attraktiv macht (vgl. Ebner, 2020). Gab und Parler bieten ähnliche Funktionen und werden ebenfalls als Rückzugsräume genutzt. Sie ermöglichen es extremistischen Gruppen, ohne die Gefahr von Sperrungen oder Zensur zu kommunizieren. Besonders in den USA und Europa haben diese Plattformen an Popularität gewonnen, da sie sich als „freie Alternativen" zu den regulierten sozialen Medien darstellen.

Online-Foren als virtuelle Gemeinschaften

Die Rolle rechtsextremer Foren im Internet hat sich seit den frühen Tagen des digitalen Zeitalters deutlich herausgebildet. Besonders in den Anfängen des Internets verstanden rechtsextreme Gruppen schnell, wie sie die neue digitale Infrastruktur für die Verbreitung ihrer Ideologien, die Vernetzung und Mobilisierung von Sympathisierenden nutzen konnten (vgl. Adams, 2005). Solche Websites und Foren boten nicht nur leicht zugängliche Informationen, sondern halfen auch, ein Umfeld zu schaffen, das besonders Jugendliche ansprach und in die radikalen Subkulturen einführte (vgl. Daniels, 2009). Die Einführung des Web 2.0 und die Verbreitung sozialer Medien haben diesen Trend verstärkt, indem kommerzielle Plattformen genutzt wurden, um rechtsextreme Inhalte algorithmisch an eine breite Öffentlichkeit zu verbreiten (vgl. Fielitz & Marcks, 2020). Diese Foren dienen als Ankerpunkte für den kulturellen und politischen Austausch und die Identitätsbildung innerhalb der extremistischen Szene. Sie bieten „freie Räume", in denen Mitglieder ohne gesellschaftliche Stigmatisierung ihre Ideologien diskutieren können und sich vor antifaschistischer Kritik oder staatlicher Überwachung relativ geschützt fühlen (vgl. Futrell & Simi, 2004). In diesen geschützten digitalen Räumen werden oft politisch und ideologisch motivierte Diskussionen geführt, die terroristische Gewalt als legitime Handlung darstellen und Verbrechen rechtfertigen. Auf diese Weise tragen die Foren zur Validierung extremistischer Ideologien bei (vgl. Bowman-Grieve, 2009). Foren wie Stormfront.org, das 1996 vom ehemaligen Ku-Klux-Klan-Mitglied Don Black gegründet wurde, sind bis heute wichtige Treffpunkte für rechtsextreme und neonazistische Gruppen. Die Plattform bietet einen multilingualen Austausch, der es ermöglicht, dass internationale Mitglieder ihre Erfahrungen und politischen Ansichten über Sprachgrenzen hinweg teilen. Durch diesen internationalen Dialog entstehen oft politische Kampagnen, Vernetzungstreffen und sogar persönliche Kontakte, was eine emotionale Bindung und Gruppenzugehörigkeit innerhalb der Szene fördert (vgl. Bliuc et al., 2019; de Koster & Houtman, 2008). Recherchen zeigen jedoch, dass einige Mitglieder dieser Foren auch direkt an rassistischen Gewaltverbrechen beteiligt waren, was die Rolle solcher Plattformen als Katalysator für reale Gewaltakte verdeutlicht (vgl. Beirich,

2014). Im Vergleich zu den eher unstrukturierten und niedrigschwelligen Strukturen von Stormfront, die teilweise unqualifizierte oder abwegige Beiträge anziehen, verfolgt das Forum „Iron March" (IM) einen klareren, disziplinierten Ansatz. Die Gründer*innen von IM betonten, dass ihre Community nicht wie Stormfront als Treffpunkt für „White Nationalists" dienen soll, sondern vielmehr als ein Forum für Diskussionen und Debatten mit klarem Fokus auf faschistische Ideologie und Handlungsstrategien (vgl. Fielitz & Albrecht, 2020). Das IronMarch-Forum war ein zentraler Knotenpunkt für neonazistische und extremistische Netzwerke, mit rund 195.000 Beiträgen aus fast 7.200 Threads. Insgesamt waren 1.542 Mitglieder registriert, deren IP-Adressen und Standorte erfasst wurden, was eine detaillierte geografische Analyse ermöglichte. Der Datensatz enthält über 1.700 Vorstellungsbeiträge, in denen Mitglieder Angaben zu ihrer Herkunft, ihrem Alter und ihren Beweggründen teilten. Dies liefert wertvolle Hinweise darauf, welche Zielgruppen das Forum besonders anzog (vgl. Fielitz & Albrecht, 2020). Die Verteilung der Registrierungen lässt zudem die Entwicklung und die "Hochzeiten" des Forums erkennen. In den Jahren 2011 bis 2014 befand sich IronMarch in einer Aufbauphase, experimentierte mit unterschiedlichen visuellen und inhaltlichen Elementen und legte nur wenige Anforderungen an neue Mitglieder. Ab 2015 änderte sich die Ausrichtung deutlich: IronMarch verfolgte nun eine avantgardistische Linie und motivierte Mitglieder zu realen Aktivitäten und Aktionen, wie aus den Zielen des Jahres 2015 hervorgeht: „[2015] will be the year when we capitalize on the foundation built last year to really start pushing people towards real life activities" (Slavros, 2015). In dieser Phase erhöhte sich die Frequenz und ideologische Festlegung der veröffentlichten Texte deutlich. Insbesondere die Schriften des US-Neonazis James Mason sowie die Texte von Adolf Hitler und Benito Mussolini wurden zur Pflichtlektüre und prägten die Diskussionen im Forum. Diese Inhalte beeinflussten ab Oktober 2015 auch die neu gegründete „Atomwaffen Division", eine rechtsextremistische Gruppe, die ihre Wurzeln im Forum hat und für mehrere terroristische Anschläge in den USA verantwortlich ist (vgl. Beirich, 2014). Die Atomwaffen Division steigerte die Anziehungskraft von IronMarch, wie ein deutlicher Anstieg der Mitgliederzahlen zeigt (vgl. Fielitz & Albrecht, 2020).

Diese Disziplin ermöglicht es, eine entschlossene Ideologie zu fördern, die nicht nur auf rhetorischer Ebene verbleibt, sondern aktiv extremistisches Handeln anstrebt. Radikale Milieus online gewinnen zunehmend an Bedeutung, indem sie ein unterstützendes Umfeld schaffen, das extreme Gewaltakte verherrlicht und Ideologien fördert, die rassistische, antisemitische und frauenfeindliche Botschaften verbreiten. Plattformen wie "Encyclopedia Dramatica" etwa beinhalten Highscore-Tabellen für Todesopferzahlen, wie von Amokläufern oder rechtsextremen Attentätern, was die Faszination für solche Taten in bestimmten Online-Kreisen widerspiegelt, allerdings noch keine Gamifizierung des Terrors darstellt (vgl. Sieber, 2020, S. 49). Stattdessen zeigen solche Inhalte, dass sich im Internet ein unterstützendes Umfeld etabliert hat, welches extremistische Gewalttaten in bestimmten Communities glorifiziert (vgl. Koehler, 2016; Sieber, 2020). Radikale Milieus, so wie sie von Waldmann und Malthaner (2012) beschrieben werden, bieten nicht nur eine ideologische Unterstützung, sondern auch moralische und teils logistische Rückendeckung für Täter:innen, die rechtsextreme und terroristische Ideologien verfolgen. Während früher diese Milieus oft eng mit bestehenden gewaltbereiten Gruppen verbunden waren, zeigt sich heute, dass auch Einzeltäter wie die Attentäter von Christchurch und Halle, die digital eingebettet sind, von solchen Milieus beeinflusst werden und online Anerkennung erfahren, die sie als "Helden" oder "Märtyrer" stilisiert (vgl. Waldmann & Malthaner, 2012). Die Online-Präsenz dieser Täter:innen, oft auf anonymen Plattformen wie 4chan oder 8chan, verstärkt die Dynamik, in der sich andere potenzielle Täter:innen inspiriert fühlen und zur Tat ermutigt werden (vgl. Conway et al., 2019). Darüber hinaus beinhalten die "Manifestos" und Tatvideos dieser Täter:innen verschlüsselte Botschaften, Insider-Slang und Ideologie-Codes, die auf ihre Verwurzelung in Online-Subkulturen hinweisen und das Ziel verfolgen, Sympathisierende zu ähnlichen Taten zu motivieren. Der Täter:innen von Christchurch etwa beschrieb in einem Selbstinterview, dass er als "ordinary white man" eine Berufung verspürte, gegen die vermeintliche "Invasion" von Nicht-Weißen aktiv zu werden (vgl. Frenett & Dow, 2020). Stephan B. wiederum betonte, sein Ziel sei es, Nachahmer zu inspirieren, indem er demonstrierte, wie Anschläge auch mit improvisierten Waffen durchführbar seien. Sein "Manifest" diente nicht nur als Rechtfertigung, sondern auch als Anleitung für weitere Taten (vgl. Miller-Idriss, 2020). Trotz der persönlichen Motivlagen der Täter:innen tragen ihre Handlungen durch ihre öffentliche Wirkung und gezielte Botschaften auch politische Dimensionen. Die Täter:innen erlangen Aufmerksamkeit, nicht primär um sich als Einzelpersonen zu profilieren, sondern um als "Helden" und Identifikationsfiguren eines radikalen Milieus zu agieren. Durch ihre Taten wird der politische Anspruch erhoben, die in diesen Communities formulierten Ideale durch Gewalt zu verwirklichen und weitere "Kämpfer" zu mobilisieren (vgl. Malthaner, 2017).

Dogwhistling

Dogwhistling bezeichnet eine subtile Form der Kommunikation, bei der bestimmte Worte oder Symbole verwendet werden, die für eine breitere Öffentlichkeit harmlos erscheinen, aber eine versteckte, ideologische oder extremistische Bedeutung haben. Diese Taktik wird häufig von politischen Akteur:innen verwendet, um Anhänger:innen von extremen oder marginalen Gruppen anzusprechen, ohne die breite Öffentlichkeit zu alarmieren. Das Ziel ist es, spezifische Botschaften nur an bestimmte Zielgruppen zu senden, ohne dass es für andere offensichtlich wird. Ein weiteres bemerkenswertes Merkmal der Neuen Rechten auf Social Media ist die Verwendung verdeckter Strategien, die es den Akteur:innen ermöglichen, ihre Ideologien zu verbreiten und die öffentliche Wahrnehmung zu beeinflussen, ohne sofort als extremistisch erkannt zu werden. Diese verdeckten Taktiken zielen darauf ab, ideologische Botschaften subtil zu vermitteln, ohne dass sie auf den ersten Blick als rassistisch, fremdenfeindlich oder autoritär wahrgenommen werden. Eine der wichtigsten dieser Strategien ist das sogenannte „Dogwhistling", bei dem rechtsextreme Botschaften auf eine Weise kommuniziert werden, die nur von bestimmten Zielgruppen verstanden werden. Diese Methode erlaubt es den Vertreter:innen der Neuen Rechten, sich einer breiten Öffentlichkeit zu präsentieren, während sie gleichzeitig eine radikale Agenda fördern, die nur von Eingeweihten erkannt wird. „Dogwhistling" funktioniert, indem Begriffe oder Sätze verwendet werden, die auf den ersten Blick harmlos erscheinen, aber eine versteckte, oft rassistische oder nationalistische Bedeutung tragen. Der Begriff „politische Korrektheit" ist ein prominentes Beispiel für eine solche Taktik. Rechte Gruppen verwenden diesen Begriff häufig, um den Eindruck zu erwecken, dass sie die Meinungsfreiheit und die „wahren Werte" verteidigen. Auf der Oberfläche wird „politische Korrektheit" als eine übermäßige Rücksichtnahme auf die Gefühle von Minderheiten oder als Einschränkung der Redefreiheit dargestellt. Doch hinter dieser Rhetorik verbirgt sich oft eine Ablehnung gesellschaftlicher Fortschritte in den Bereichen Inklusion und Diversität, die in vielen Fällen rassistische oder fremdenfeindliche Ansichten widerspiegeln. Ein weiteres Beispiel für Dogwhistling ist die häufige Verwendung von Begriffen wie „Umvolkung" oder „Volkstod", die in den sozialen Medien zunehmend auftauchen. Diese Begriffe sind nicht nur emotional aufgeladen, sondern auch kodiert und werden oft von denjenigen, die sie verwenden, als vermeintlich „harmlos" dargestellt. Der Begriff „Umvolkung" wird in rechtsextremen Kreisen verwendet, um die Migration von Menschen aus anderen Kulturen als eine drohende „Übernahme" der

Gesellschaft darzustellen, ohne dass die Worte explizit rassistisch sind. Diese Taktik ist besonders wirksam, da sie es der Neuen Rechten ermöglicht, eine radikale Agenda zu fördern, während sie gleichzeitig den Eindruck erweckt, eine allgemeine politische oder gesellschaftliche Diskussion über Migration zu führen. So bleibt die Botschaft subtil genug, um von einer breiteren Öffentlichkeit nicht sofort als extremistisch identifiziert zu werden. Das Dogwhistling hat den Vorteil, dass die Botschaften von der breiten Öffentlichkeit nicht immer als offen rassistisch oder diskriminierend wahrgenommen werden. Stattdessen erscheinen sie als legitime Kritik an der politischen Ordnung oder als Warnung vor einem Verlust von kultureller Identität und nationaler Souveränität. Diese verdeckte Kommunikation ist eine besonders effektive Methode der Radikalisierung, da sie es den Akteur:innen der Neuen Rechten ermöglicht, eine breite Anhänger:innenschaft zu gewinnen, ohne sofort gesellschaftliche Ablehnung oder rechtliche Konsequenzen für ihre extremistischen Aussagen zu erleiden. Durch diese verdeckte Kommunikation können rechtsextreme Gruppen auch in digitalen Echokammern und Filterblasen gedeihen, in denen ihre Botschaften schnell verbreitet und verstärkt werden. Social-Media-Plattformen, auf denen Nutzer:innen häufig Inhalte konsumieren, die ihre bestehenden Überzeugungen bestätigen, bieten den perfekten Nährboden für Dogwhistling. In diesen digitalen Räumen können sich extreme Positionen legitimiert und die angestrebte radikale Weltanschauung als die „normale" oder „vernünftige" Sichtweise präsentieren. Zusammengefasst ermöglicht Dogwhistling den Akteur:innen der Neuen Rechten eine subtile und gleichzeitig effektive Verbreitung ihrer Ideologien. Es erlaubt ihnen, sich der breiten Öffentlichkeit zu präsentieren, ohne direkt mit extremistischen Inhalten konfrontiert zu werden. Dies macht Dogwhistling zu einer der mächtigsten verdeckten Strategien, die von rechtsextremen Gruppen auf Social Media eingesetzt werden, um ihre radikalen Botschaften zu verbreiten und ihre politische Agenda voranzutreiben.

Die Nutzung von Angst und Unsicherheit

Die „Neue Rechte" hat sich die Macht der Angst und Unsicherheit als strategisches Mittel zu eigen gemacht, um ihre politischen Ziele zu erreichen und die Gesellschaft zu mobilisieren. Mobilisierung durch Angst bezeichnet eine Strategie, bei der Ängste und Bedrohungsszenarien genutzt werden, um politische Unterstützung zu gewinnen und Anhänger:innen zu mobilisieren. Indem Ängste vor gesellschaftlichen oder wirtschaftlichen Krisen, dem Verlust nationaler Identität oder der Bedrohung durch äußere Feinde geschürt werden, versuchen politische Bewegungen, ihre Ziele zu legitimieren und Unterstützung zu gewinnen. Diese Taktik wird häufig in populistischen und extremistischen Bewegungen verwendet. Durch die gezielte Schaffung von Bedrohungsszenarien, die oft auf übertriebenen oder verzerrten Wahrnehmungen beruhen, gelingt es dieser Bewegung, die öffentliche Meinung zu beeinflussen und ein Gefühl der Dringlichkeit zu erzeugen. Narrative wie die „Überfremdung" oder der „Volkstod" – die Vorstellung, dass das eigene Volk durch Migration und kulturelle Veränderung verdrängt oder ausgelöscht wird – sind dabei zentrale Bestandteile der Ideologie. Diese Szenarien sind nicht nur Teil einer politischen Erzählung, sondern sie appellieren an tief verwurzelte Ängste und Unsicherheiten, die die gesellschaftliche Identität betreffen. Die ständige Wiederholung dieser Bedrohungsbilder in den Medien und sozialen Netzwerken hat eine verstärkende Wirkung auf die emotionalen Reaktionen der Menschen. Studien zeigen, dass Angst ein mächtiger Motivator für politisches Handeln ist, da sie Menschen in Situationen der Unsicherheit dazu bringt, Schutz und Stabilität zu suchen. Diese Suche nach Sicherheit wird häufig mit autoritären, nationalistischen oder sogar xenophoben Lösungsansätzen in Verbindung gebracht. Das Gefühl, von äußeren Bedrohungen umgeben zu sein, führt dazu, dass Menschen politische Akteure unterstützen, die einfache Antworten und starke Führungsfiguren anbieten – häufig auf Kosten von Demokratie und sozialen Werten (vgl. Wodak, 2015). Ein entscheidender Faktor in der Strategie der „Neuen Rechten" ist die bewusste Ausnutzung von Unsicherheiten, die durch gesellschaftliche Umbrüche oder Krisen verstärkt werden. Ein besonders prägnantes Beispiel hierfür war die

COVID-19-Pandemie, die tiefgreifende wirtschaftliche, soziale und politische Verwerfungen mit sich brachte. In Zeiten von Unsicherheit suchen viele Menschen nach Erklärungen und Verantwortlichen für die erlebten Veränderungen und Herausforderungen. Die „Neue Rechte" hat diese Krise gezielt genutzt, um Ängste zu schüren und Schuldzuweisungen an Migrant:innen, politische Gegner oder internationale Institutionen wie die Europäische Union zu formulieren. Durch solche Erklärungen wird die Verantwortung für die Krise auf „äußere Feinde" abgewälzt, was den politischen Aktivismus der Rechten zu verstärken hilft. Diese psychologischen Taktiken sind besonders wirksam, weil sie die rationalen Denkprozesse der Menschen umgehen und tiefere, emotionale Reaktionen ansprechen. Emotionen wie Angst, Wut oder Ohnmacht können die Wahrnehmung der Realität verzerren und verhindern, dass Menschen kritisch über die wahren Ursachen gesellschaftlicher Probleme nachdenken. Statt rationaler Auseinandersetzungen und fundierter Diskussionen wird die politische Debatte auf einfache, emotional aufgeladene Botschaften reduziert. In diesem Zusammenhang werden komplexe Probleme – wie etwa Migration, wirtschaftliche Ungleichheit oder die Herausforderungen der Globalisierung – zu schwarz-weißen Themen gemacht, bei denen es nur noch „uns" gegen „sie" gibt. Die gezielte Ausnutzung von Angst und Unsicherheit hat nicht nur Auswirkungen auf die politische Mobilisierung, sondern auch auf den öffentlichen Diskurs. Sie schafft ein Klima der Angst und der Polarisierung, in dem die Gesellschaft zunehmend in „Freunde" und „Feinde" geteilt wird. Diese Dynamik führt zu einer Verhärtung der Fronten, die den Dialog zwischen verschiedenen gesellschaftlichen Gruppen erschwert. Politiker:innen und Bewegungen, die diese Ängste aufgreifen und verstärken, werden als „Beschützer" des Volkes wahrgenommen, während ihre politischen Gegner – die sich für Inklusion und demokratische Prinzipien einsetzen – als Verräter oder Bedrohung dargestellt werden. Ein weiteres Beispiel für die Manipulation durch Angst und Unsicherheit ist die weit verbreitete Verwendung von sogenannten „Krisenerzählungen", die die Idee einer drohenden Zerstörung der nationalen Kultur und Identität vermitteln. Diese Erzählungen nutzen vor allem Ängste vor dem Verlust der eigenen kulturellen Zugehörigkeit und vor einem „kulturellen Verfall" aufgrund von Migration. Sie verstärken das Gefühl, dass die „Eigenen" gegen eine Übermacht von

„Fremden" verteidigt werden müssen. In der Konsequenz kann dies zu einer stärkeren Polarisierung und zu einem Anstieg der Unterstützung für rechtsextreme Parteien und Bewegungen führen. Die Psychologie hinter diesen Taktiken ist durch ihre Effektivität und die zugrunde liegende emotionale Ansprache besonders problematisch, weil sie den rationalen Diskurs in der politischen Auseinandersetzung erschwert. Sie erzeugt ein Klima des Misstrauens und Feindseligkeit, das letztlich die demokratischen Grundlagen eines pluralistischen Staates untergräbt. Wenn politische Bewegungen wie die „Neue Rechte" es schaffen, ihre Botschaften über digitale Kanäle zu verbreiten und dabei emotionale Reaktionen auszulösen, stellen sie eine direkte Bedrohung für den offenen und reflektierten Dialog dar.

Angstkommunikation

Die Kommunikationsstrategie der Angstkommunikation wird von der Neuen Rechten gezielt in verschiedenen Kontexten eingesetzt, um politische und gesellschaftliche Ziele zu verfolgen. Angst ist eine mächtige Emotion, die tief in der menschlichen Psyche verwurzelt ist und häufig rationale Überlegungen und Fakten in den Hintergrund drängt. Diese psychologische Dynamik macht sich die Neue Rechte zunutze, um ihre ideologischen Botschaften zu verbreiten und zu verstärken. Die Strategie basiert darauf, dass Angst schwer mit rationalen Argumenten oder Fakten zu entkräften ist, was die Effektivität dieser Kommunikationsmethode weiter erhöht. Niklas Luhmann (1986) betont in seinem Werk die besondere Natur der Angstkommunikation, indem er darauf hinweist, dass Angst als subjektives Gefühl stets authentisch wirkt. Diese Authentizität entsteht, weil die Person, die Angst verspürt, immer das moralische Recht auf ihrer Seite glaubt, da niemand ihre subjektive Erfahrung der Angst widerlegen kann. Luhmann beschreibt: „Angstkommunikation ist immer authentische Kommunikation, da man sich selbst bescheinigen kann, Angst zu haben, ohne dass andere dies widerlegen können" (vgl. Luhmann, 1986). Dieses Zitat verdeutlicht, dass die Angstkommunikation nicht nur eine Erfindung der Neuen Rechten ist, sondern ein tief verankertes Kommunikationsmittel, das in verschiedenen gesellschaftlichen Kontexten zur Anwendung kommt. Die Authentizität und Subjektivität der Angst schaffen eine besondere Kommunikationssituation, in der sich die betroffenen Personen moralisch im Recht fühlen. Selbst wenn es evidenzbasierte Fakten gibt, die die Ursachen oder Intensität dieser Ängste relativieren könnten, bleiben sie für die betroffenen Personen oft unüberzeugend. Dies liegt daran, dass die subjektive Erfahrung der Angst schwer zu widerlegen ist und als unantastbar gilt. In diesem Kontext werden diejenigen, die die geäußerten Ängste nicht teilen oder anzweifeln, oft als Gegner wahrgenommen und in die Rolle der Feinde gedrängt (vgl. Luhmann, 1986). Diese Strategie erlaubt es der Neuen Rechten, die Diskussion von rationalen und faktenbasierten Argumenten auf rein emotionale Aspekte zu verlagern und so die Kontrolle über den Diskurs zu behalten. Ein weiterer zentraler Aspekt der Angstkommunikation der Neuen Rechten ist die sogenannte Krisenrhetorik. Hierbei wird das Bild einer akuten Krise gezeichnet, die sofortiges Handeln erfordert. Der Begriff "Krise" impliziert eine bedrohliche, dringliche Situation, die nach schnellen und entschlossenen Maßnahmen verlangt. Diese Art der Rhetorik ermöglicht es der Neuen Rechten, politische Lösungsvorschläge in stark vereinfachter Form darzustellen, was besonders für Menschen attraktiv ist, die sich von der Komplexität der modernen Politik überfordert fühlen. Durch die Reduktion der Problemlösungen auf scheinbar einfache und unmittelbare Maßnahmen wird die Illusion geschaffen, dass komplexe gesellschaftliche Herausforderungen mit einfachen Mitteln bewältigt werden können (vgl. Jellonek & Reichesch, 2018). Darüber hinaus verfolgt die Neue Rechte die Strategie, bestimmte negativ konnotierte und angstbesetzte Begriffe in den öffentlichen Diskurs zu etablieren. Diese Begriffe dienen nicht nur der Mobilisierung durch Angstauslösung, sondern auch der Entmenschlichung bestimmter Personengruppen. Ziel ist es, diese Gruppen in der öffentlichen Wahrnehmung als Bedrohung darzustellen und dadurch eine breite gesellschaftliche Ablehnung zu erzeugen. Ein Beispiel hierfür ist der Begriff „Flüchtlingskrise", der trotz seiner negativen Konnotation Eingang in viele etablierte Medien gefunden hat. Dieser Begriff suggeriert nicht nur eine Bedrohung durch Flüchtlinge, sondern auch eine Dringlichkeit, die sofortige Maßnahmen erfordert, was wiederum die Akzeptanz für restriktive oder gar menschenrechtswidrige Maßnahmen erhöhen kann (vgl. Jellonek & Reichesch, 2018). Diese Taktik der Neuen Rechten, Angst zu schüren und durch die Manipulation des Diskurses eine breite öffentliche Unterstützung zu gewinnen, zeigt ihre Effektivität in der politischen Mobilisierung. Indem sie Ängste gezielt ansprechen und verstärken, gelingt es der Neuen Rechten, Fakten und rationale Argumente in den Hintergrund zu drängen und den politischen Diskurs zu dominieren.

Jugendliche und Social Media-Nutzung

Jugendliche sind eine zentrale Zielgruppe für die Neue Rechte, da sie einen erheblichen Anteil der aktiven Nutzer:innen sozialer Medien ausmachen. Studien zeigen, dass junge Menschen durchschnittlich mehr Zeit auf Plattformen wie Instagram, TikTok oder YouTube verbringen als andere Altersgruppen (vgl. Mediapulse, 2021). Diese Plattformen sind nicht nur ein Ort der Unterhaltung, sondern auch ein Raum, in dem politische Meinungen geformt und geteilt werden. Die Algorithmen der sozialen Medien, die darauf abzielen, die Nutzer:innen möglichst lange auf der Plattform zu halten, begünstigen die Verbreitung emotionalisierender Inhalte – ein Umstand, den die Neue Rechte gezielt ausnutzt. Ein Beispiel für die erfolgreiche Ansprache Jugendlicher sind rechtsextreme Inhalte auf TikTok. Durch die Kombination aus Musik, schnellen Schnitten und eingängigen Botschaften gelingt es, extremistische Ideologien subtil zu vermitteln. Videos mit humorvollen oder provozierenden Inhalten, die oft durch Hashtags wie #Heimatliebe oder #Tradition getarnt werden, finden breite Verbreitung. Studien zeigen, dass Jugendliche, die regelmäßig solchen Inhalten ausgesetzt sind, eine höhere Wahrscheinlichkeit haben, extremistische Ideologien zu übernehmen (vgl. Rieger et al., 2020). Besonders effektiv ist die Ansprache über Gaming-Communities. Plattformen wie Discord, Twitch und Steam bieten Räume, in denen Spieler nicht nur kommunizieren, sondern auch gemeinsam Zeit verbringen. Diese Communities werden von rechtsextremen Gruppen gezielt infiltriert. Durch subtile Botschaften, die an die Ästhetik und die Narrative von Videospielen angepasst sind, wird eine schleichende Ideologisierung gefördert. So nutzen extremistische Akteure beispielsweise die „Survival"-Thematik vieler Spiele, um rassistische oder nationalistische Ideologien zu propagieren, wie etwa das Recht des „Stärkeren" (vgl. Sadowski, 2020). Jugendliche sind eine zentrale Zielgruppe für die Neue Rechte, da sie als die aktivsten Nutzer:innen sozialer Medien gelten. Neben Plattformen wie Instagram und TikTok hat die Gaming-Kultur eine zunehmende Bedeutung für die Ansprache junger Menschen erlangt. Plattformen wie Discord und Twitch sind besonders beliebt, da sie nicht nur als Kommunikationsmittel, sondern auch als soziale Räume dienen, in denen Jugendliche Zeit verbringen und Beziehungen aufbauen können. Rechtsextreme Gruppen nutzen diese Plattformen, um über subtile Inhalte, die an die Themen und Ästhetik von Videospielen angepasst sind, ihre Ideologie zu verbreiten. Ein Beispiel ist die Verbreitung rechtsextremer Narrative durch „Survival"-Thematiken, die in vielen beliebten Spielen wie *Minecraft* oder *DayZ* vorkommen. Dabei wird das Prinzip des Überlebens des Stärkeren mit rassistischen oder nationalistischen Ideologien verknüpft. Gleichzeitig werden durch private Discord-Server oder Twitch-Kanäle gezielt extremistische Botschaften verbreitet. Diese Taktik ist besonders effektiv, da sie die Anonymität und Gemeinschaftsdynamik der Plattformen ausnutzt und Jugendliche oft nicht erkennen, dass sie Teil eines ideologischen Einflusses werden (vgl. Sadowski, 2020).

Erfolgreiche Kampagnen und Mobilisierungsmaßnahmen

Die Neue Rechte hat in den letzten Jahren Social Media auf unterschiedliche Weise genutzt, um politische Kampagnen zu fördern und den Diskurs zu beeinflussen. Die folgendenen Beispiele zeigen, wie diese Strategien in der Praxis angewandt wurden:

Alternative für Deutschland

Die Alternative für Deutschland (AfD) hat seit ihrer Gründung im Jahr 2013 Social Media intensiv genutzt, um ihre politische Agenda zu verbreiten und eine breite Anhänger:innenschaft zu gewinnen. Besonders während der Flüchtlingskrise 2015 und den Bundestagswahlen 2017 spielte die AfD eine Schlüsselrolle in der politischen Nutzung von Social Media, um eine rechtspopulistische, nationalistische und teilweise rechtsextreme Ideologie zu verbreiten. Plattformen wie Meta, X und insbesondere Telegram waren zu zentralen Werkzeugen für die AfD, um ihre Botschaften direkt an die Wähler:innenschaft zu vermitteln, ohne auf traditionelle Medien angewiesen zu sein. Ein zentrales Element der Social-Media-Strategie der AfD war die gezielte emotionale Ansprache. Besonders in den Jahren 2015 bis 2017, als die Flüchtlingskrise in Europa ihren Höhepunkt erreichte, setzte die AfD auf die gezielte Schürung von Ängsten vor Migration und einen angeblichen Verlust der deutschen Kultur. Die AfD nutzte populistische Themen, die auf Ängste und Unsicherheiten in der Bevölkerung anspielten, und transportierte diese über Social Media in die breitere Öffentlichkeit. Hashtags wie #MerkelMussWeg und #AfDWirkt wurden gezielt verwendet, um die Themen Migration, Islamisierung und nationale Souveränität zu verknüpfen und die politische Rhetorik zu verstärken. Diese Hashtags wurden oft viral verbreitet und sorgen für eine starke Resonanz in den sozialen Netzwerken. Darüber hinaus wurden von der AfD virale Memes und provokante Bilder genutzt, um ihre Ideologie zu verbreiten und gezielt jüngere Generationen anzusprechen. Memes sind besonders wirksam in sozialen Medien, da sie schnelle, emotionalisierte Botschaften in einem humorvollen oder dramatisierten Kontext transportieren. Auf Plattformen wie Meta (ehemals Facebook) wurden dabei häufig Inhalte gepostet, die Migration als Bedrohung darstellt und die Ängste vieler Bürger vor einer vermeintlichen Überfremdung schürten. Solche Inhalte wurden bewusst emotional aufgeladen, um eine starke Reaktion bei der Zielgruppe hervorzurufen. Ein weiteres wichtiges Werkzeug der AfD war die Nutzung von Meta -Werbung. Die Partei setzte gezielt auf bezahlte Werbeanzeigen, um ihre politische Botschaft zu verbreiten und eine größere Reichweite zu erzielen. Durch präzises Targeting konnten gezielt bestimmte Wähler:innenschichten angesprochen werden, etwa junge Männer oder unentschlossene Wähler:innen, die sich von traditionellen Parteien abgewendet hatten. Diese Werbeanzeigen betonen häufig Themen wie nationale Identität, Souveränität und die Ablehnung des politischen Establishments. Besonders auffällig war die Nutzung von Telegram als Plattform. Während Meta und X zunehmend auf die Bekämpfung von Hassreden und Fake News reagierten, war Telegram weitgehend unzensiert und bot der AfD sowie anderen rechtsextremen Gruppen eine Möglichkeit, ihre Botschaften ohne Einschränkungen zu verbreiten. Auf Telegram wurden private Gruppen gebildet, in denen Anhänger:innen sich austauschen, mobilisieren und zu politischen Aktionen aufrufen konnten. Die Plattform bot auch einen Raum für die Organisation von Demonstrationen und Veranstaltungen, die von den traditionellen Medien häufig ignoriert oder kritisch betrachtet wurden. Telegram ermöglichte es der AfD, eine parallelgesellschaftliche Kommunikation aufzubauen und die Zensur von Social-Media-Riesen zu umgehen. Die Social-Media-Strategien der AfD trugen maßgeblich zu ihrem Aufstieg als politische Kraft in Deutschland bei. Die Partei konnte in den letzten Jahren nicht nur ihre Präsenz in den sozialen Netzwerken massiv steigern, sondern auch die politische Diskussion in Deutschland beeinflussen. Besonders die Bundestagswahl 2017 zeigte, wie erfolgreich die AfD durch Social Media ihre Anhänger:innenschaft mobilisieren konnte. Mit rund 12,6 % der Stimmen konnte sie in den Bundestag einziehen und sich als eine der größten Oppositionsparteien etablieren. Dies war zum Teil das Ergebnis einer sehr erfolgreichen Social-Media-Strategie, die der AfD ermöglichte, in den politischen Diskurs einzutreten und die Aufmerksamkeit auf sich zu ziehen. Die Nutzung von Social Media als Mobilisierungsinstrument geht jedoch über die Wahlkämpfe hinaus. Die AfD hat diese Plattformen auch genutzt, um ihre Anhänger:innen regelmäßig zu mobilisieren, Proteste zu organisieren und gegen die etablierten politischen Institutionen zu kämpfen. Die Partei baute ein starkes Online-Netzwerk auf, das in der Lage war, sich gegenseitig zu unterstützen und politische Kampagnen zu koordinieren, ohne auf die traditionellen Medien angewiesen zu sein. Zusammenfassend lässt sich sagen, dass die AfD in der Nutzung von Social Media eine Schlüsselstrategie zur Verbreitung ihrer rechtspopulistischen und rechtsextremen Ideen gefunden hat. Die ungehinderte Kommunikation über Plattformen wie Meta, X und Telegram hat der Partei nicht nur ermöglicht, ihre politischen Botschaften gezielt zu verbreiten, sondern auch eine breite Anhänger:innenschaft zu gewinnen, die sich zunehmend von traditionellen Medien und der etablierten Politik abwendet.

Reconquista Germanica

Reconquista Germanica ist eine rechtsextreme Gruppe in Deutschland, die in den letzten Jahren durch ihre Nutzung von Social Media und digitalen Plattformen auf sich aufmerksam gemacht hat. Die Gruppe bezeichnet sich selbst als ein Sammelbecken von „Patrioten", die gegen die angebliche Islamisierung und Überfremdung des Landes kämpfen und sich für den Erhalt der deutschen Kultur und Identität starkmachen. Während die Gruppe ursprünglich als Randphänomen begann, konnte sie mithilfe von Social Media und Online-Plattformen eine wachsende Anhänger:innen-schaft mobilisieren, die immer mehr in den politischen Diskurs eingriff. Die Gruppe hat Social Media als Zentralplattform für die Verbreitung ihrer Ideologien genutzt und dabei besonders auf die Verbreitung von Desinformation gesetzt. Dies geschah häufig in Form von falschen oder übertriebenen Darstellungen von Flüchtlingen und Migrant:innen, die als Bedrohung für die deutsche Kultur und Gesellschaft dargestellt wurden. Die Desinformation wurde durch die gezielte Streuung von Fake News, Manipulation von Bildern und Videos sowie verzerrten Statistiken verbreitet. In diesem Zusammenhang nutzt die Gruppe Social-Media-Kanäle, um ihre Inhalte zu verbreiten, ohne die übliche journalistische Kontrolle traditioneller Medien durchlaufen zu müssen. Ein weiterer zentraler Bestandteil der Strategie war die Verwendung von Hashtags und viralen Kampagnen, die auf Plattformen wie Meta und X weit verbreitet wurden. Diese Kampagnen richten sich gezielt an politisch desillusionierte oder unzufriedene Menschen, die auf der Suche nach einfachen Antworten auf komplexe gesellschaftliche Probleme waren. Die Rekrutierung neuer Mitglieder erfolgte in sozialen Netzwerken durch die Schaffung von gefühlten Gemeinschaften, die sich gegen einen angeblichen „feindlichen" Einfluss von außen zusammen-schlossen. Ein Beispiel dafür war der weit verbreitete Hashtag #Heimat-schutz, mit dem Reconquista Germanica ein Gefühl der Dringlichkeit und Bedrohung erzeugte und gleichzeitig ein völkisches „Wir gegen die Anderen"-Narrativ aufbaute. Im Rahmen dieser Taktiken nutzte Reconquista Germanica auch anonyme Accounts und falsche Profile, um sich vor staatlicher Überwachung und Löschungen durch Social-Media-Plattformen zu schützen. Dies ermöglichte es ihnen, ihre Inhalte ohne größere Zensur und in größerem Umfang zu verbreiten. Besonders Meta -Gruppen und Y-ouTube-Kanäle wurden von der Gruppe genutzt, um nicht nur politische Inhalte zu verbreiten, sondern auch soziale Events und Demonstrationen zu organisieren. Diese digitalen Mobilisierungsstrategien waren ein wichtiger Faktor für das schnelle Wachstum der Bewegung, da sie die Möglichkeit hatten, Menschen schnell und effektiv zu erreichen und sie zu radikaleren Positionen zu bewegen. Die Nutzung von Telegram spielte ebenfalls eine zentrale Rolle. Diese App bietet eine Plattform für unzensierte Kommunikation und ist besonders bei extremistischen Gruppen beliebt, da sie eine sichere und private Umgebung für den Austausch von Ideen bietet. Hier konnten sich die Anhänger:innen von Reconquista Germanica in geschlossenen Gruppen organisieren, Informationen austauschen und politische Aktionen koordinieren. Telegram diente nicht nur als Plattform für Desinformation, sondern auch zur Organisation von „Kriegsrhetorik" und „Kampfparolen", die den politischen Gegner verunglimpften und die eigene Gruppe als „bewaffnet" und „verteidigungsbereit" darstellte. Die Desinformationsstrategien von Reconquista Germanica haben dazu beigetragen, dass die Gruppe eine breitere Öffentlichkeit erreichte und sich aus der Nische extrem rechter Foren und Netzwerke herausbewegt hat. Besonders im Zeitraum zwischen 2015 und 2017, als die Flüchtlingskrise und die damit verbundene Debatte über Migration in Deutschland besonders intensiv war, gelang es der Gruppe, durch gezielte Emotionalisierung und Polarisierung die öffentliche Wahrnehmung zu beeinflussen und zu verstärken. Diese Desinformationskampagnen zielen darauf ab, eine „Lügenpresse"-Rhetorik zu etablieren, bei der die etablierten Medien und die Politik als „feindlich" und „korrupt" dargestellt werden. Ein direkter Erfolg dieser Aktivitäten war die wachsende Zahl von Anhänger:innen, die sich nicht nur in die Social-Media-Gruppen der Bewegung einschrieben, sondern auch an Straßenprotesten und rechten Demonstrationen teilnahmen. So konnte die Gruppe durch digitale Kanäle eine Offline-Mobilisierung, die zu physischen, sichtbaren politischen Aktionen führte, realisieren. Die Mischung aus Online-Propaganda und realweltlichen Aktionen verstärkte die Reichweite von Reconquista Germanica und trug zur Verbreitung ihrer Ideen bei. Ein weiteres Beispiel für den Erfolg ihrer Social-Media-Strategie war die steigende Zahl von Unterstützern, die sich aufgrund der durch Social Media verbreiteten Rhetorik von fremdenfeindlichen und rassistischen Einstellungen überzeugen ließ. Die Gruppe konnte sich so als Teil einer internationalen Bewegung positionieren, die sich gegen die globale Politik von Migration und Multikulturalismus stellt. Diese internationale Ausstrahlung der Bewegung wurde durch die Verknüpfung mit ähnlichen Gruppen im Ausland, etwa in den USA, verstärkt. Die Auswirkungen der Desinformation durch Reconquista Germanica sind langfristig zu betrachten. Sie führten zu einer zunehmenden Polarisierung der Gesellschaft und halfen dabei, das Vertrauen in die demokratischen Institutionen zu untergraben. Die digitalen Parallelwelten, die die Gruppe aufbaute, isolierten ihre Anhänger:innen von der breiten Gesellschaft und verstärkten die Bildung von Echokammern und Filterblasen , in denen ihre radikalen Ansichten beständig wiederholt und verstärkt wurden. Zusammenfassend lässt sich sagen, dass Reconquista Germanica eine besonders ausgefeilte und effektive Social-Media-Strategie verfolgt hat, die sowohl Desinformation als auch emotionalisierende Inhalte zur Mobilisierung und Verbreitung ihrer rechtsextremen Ideologien nutzt. Die Gruppe konnte so nicht nur ihre eigene Reichweite erweitern, sondern auch einen nachhaltigen Einfluss auf die politische und gesellschaftliche Debatte in Deutschland ausüben. Social Media war für diese Gruppe ein zentraler Bestandteil ihrer Aktivitäten, der es ihr ermöglichte, rasch und ungehindert ihre Ideologie zu verbreiten und politische Meinungen zu manipulieren.

Brexit-Kampagne

Der Brexit – die Entscheidung des Vereinigten Königreichs, die Europäische Union zu verlassen – war ein politisches Ereignis, das weltweit Aufmerksamkeit erregte und die Nutzung von Social Media als politisches Instrument auf die nächste Stufe hob. Besonders die Leave-Kampagne, die sich für den Austritt Großbritanniens aus der EU aussprach, setzte Social Media als zentrales Werkzeug zur Mobilisierung von Wähler:innen und zur Verbreitung politischer Botschaften ein. Die Rolle von Social Media in diesem politischen Kampf war so bedeutend, dass viele Experten und Beobachter der Meinung sind, dass sie eine Schlüsselrolle beim Sieg der Leave-Seite spielte. Besonders auffällig war die Kunst und Weise, wie Social Media Plattformen wie Meta (ehemals Facebook), X (ehemals Twitter) und WhatsApp genutzt wurden, um gezielte Desinformation, Manipulation und emotionalisierte Botschaften zu verbreiten. Die Leave-Kampagne setzte auf eine Reihe von Social-Media-Strategien, die sich insbesondere auf Angst, Unsicherheit und nationale Souveränität konzentrierten. Ein zentraler Bestandteil dieser Kampagne war die wiederholte Betonung der Bedrohung durch die EU und der angeblichen Zuwanderungskrise, die von Brüssel und der EU verursacht würde. So wurde beispielsweise immer wieder auf die steigenden Zahlen von Migrant:innen aus der EU und die damit verbundenen Belastungen für die britische Gesellschaft hingewiesen. Diese Themen wurden bewusst auf sozialen Plattformen verbreitet, um Ängste zu schüren und eine „Wir gegen die Anderen"-Mentalität zu fördern, die viele Bürgerinnen und Bürger dazu ermutigte, für den Brexit zu stimmen. Eine der am häufigsten genutzten Taktiken war die Verwendung von Fake News und verzerrten Informationen. Ein herausragendes Beispiel dafür war die berühmte Buskampagne, bei der auf einem Bus der Leave-Kampagne die Botschaft stand: „Wir senden der EU 350 Millionen Pfund pro Woche – lassen Sie uns dieses Geld stattdessen in den NHS (National Health Service) investieren." Diese Behauptung war sowohl ungenau als auch irreführend, aber sie wurde massiv in sozialen Netzwerken verbreitet. Die Zahl von 350 Millionen Pfund war eine Übertreibung, die nicht den tatsächlichen finanziellen Beitrag des Vereinigten Königreichs zur EU widerspiegelte, aber sie wurde erfolgreich als Symbol für die Verschwendung öffentlicher Gelder und die Notwendigkeit des Austritts dargestellt. Die Leave-Kampagne setzte auch gezielte Werbung auf Meta (ehemals Facebook) und anderen Plattformen ein, um bestimmte Wähler:innengruppen anzusprechen. Präzises Targeting ermöglicht es, Wähler:innen mit bestimmten politischen oder sozialen Einstellungen zu identifizieren und anzusprechen. So wurden beispielsweise Menschen, die sich Sorgen über die Einwanderung machen oder sich von der EU entfremdet fühlen, gezielt mit Botschaften angesprochen, die diese Ängste verstärkten. Meta (ehemals Facebook) -Ads wurden auf die spezifischen Sorgen dieser Zielgruppen ausgerichtet, was die Wirkung der Botschaften erheblich verstärkte. Ein weiteres Element der Social-Media-Strategie war der Einsatz von „Influencern" und bekannten Persönlichkeiten, die die Botschaften der Leave-Kampagne unterstützten. Die politischen Führungspersönlichkeiten Boris Johnson, aber auch prominente Medienpersönlichkeiten wie Nigel Farage, nahmen aktiv an der Social-Media-Debatte teil und verbreiteten in ihren Netzwerken populistische Botschaften, die eine große Anhänger:innenschaft fanden. Besonders auf X (ehemals Twitter) und Meta (ehemals Facebook) wurden ihre Aussagen schnell verbreitet und trugen zur Verstärkung der Kampagnenbotschaften bei. Ein kontroverses, aber sehr effektives Element der Social-Media-Strategie war der Einsatz von Datenmanipulation und psychologischen Profilen durch die Firma Cambridge Analytica. Diese Firma sammelte umfangreiche Daten über Meta (ehemals Facebook) -Nutzer:innen, um gezielte politische Werbung zu schalten. Durch die Analyse von Nutzer:innendaten, Leidenschaft und Verhaltensmustern konnten präzise und personalisierte Werbeanzeigen erstellt werden, die stark emotionalisierten Content enthielten. Diese Inhalte waren darauf ausgerichtet, politische Meinungen in Bezug auf den Brexit zu beeinflussen und potenzielle Wähler:innen in ihrer Entscheidungsfindung zu manipulieren. Cambridge Analytica nutzte psychologische Taktiken, die darauf abzielten, die Ängste und Unsicherheiten der Wähler:innen zu verstärken und diese gezielt auf die Brexit-Entscheidung zu lenken. Diese Art der Datenmanipulation wurde später stark kritisiert und führte zu einem globalen Skandal, da sie nicht nur die Wahlkampagne beeinflusste, sondern auch ethische und datenschutzrechtliche Fragen aufwarf. Trotz der Kontroversen war der Einsatz solcher Datenstrategien ein entscheidender Faktor für die Zielgenauigkeit und Reichweite der Leave-Kampagne. Der Einsatz von Social Media durch die Leave-Kampagne war außergewöhnlich effektiv. Die Plattformen ermöglichen es, Informationen in Echtzeit zu verbreiten, die oft emotionalisiert und vereinfacht waren. Besonders die Sichtbarkeit und Reichweite von Social-Media-Plattformen halbieren dabei, die Brexit-Botschaften einem breiten Publikum zugänglich zu machen. Es war möglich, diese Botschaften direkt an die Wähler:innen zu senden, ohne auf die traditionellen Medienkanäle angewiesen zu sein. Diese direkte Kommunikation machte die Kampagne flexibler und effizienter, da sie die mediale Kontrolle von etablierten Journalisten und politischen Institutionen umging. Der Erfolg der Leave-Kampagne lässt sich unter anderem an den Ergebnissen der Volksabstimmung 2016 erkennen, in der das Vereinigte Königreich mehrheitlich für den Austritt aus der EU stimmt. Während die Social-Media-Strategien nicht der einzige Faktor waren, der zu diesem Ergebnis führte, trugen sie maßgeblich dazu bei, die politische Diskussion zu beeinflussen und die öffentliche Meinung zu mobilisieren. Das Fehlen einer klaren Gegenstrategie in den sozialen Medien von Seiten der Remain-Kampagne trug weiter dazu bei, dass die Leave-Kampagne die digitale politische Landschaft dominieren konnte. Die Nutzung von Social Media hat nicht nur die Brexit-Kampagne selbst beeinflusst, sondern auch langfristige Auswirkungen auf die politische Kommunikation und Wahlkampfstrategien weltweit. Die Kunst und Weise, wie Social Media in dieser Kampagne verwendet wurde, hat dazu beigetragen, dass digitale Werbung und Datenmanipulation in modernen politischen Wahlkämpfen zu einer festen Größe geworden sind. Der Brexit verdeutlichte, wie mächtig Social Media in der politischen Mobilisierung und Beeinflussung von Entscheidungen sein kann. Zusammenfassend lässt sich sagen, dass die Brexit-Kampagne ein Paradebeispiel für die Manipulation und Mobilisierung über Social Media darstellt. Die Strategie der Leave-Kampagne setzt auf präzises Targeting, emotionalisierte Kommunikation und eine starke Vereinfachung komplexer politischer Themen, um die Wähler:innen auf ihre Seite zu ziehen. Die Verwendung von Social Media, insbesondere durch gezielte Werbung, Desinformation und Datenmanipulation, hat nicht nur den Verlauf des Referendums beeinflusst, sondern auch gezeigt, wie mächtig Social Media in modernen politischen Prozessen sein kann.

Die Alt-Right-Bewegung in den USA

Die Alt-Right-Bewegung (Alternative Rechte) in den USA ist ein besonders markantes Beispiel für die Nutzung von Social Media, um rechtsextremes, rassistisches und nationalistisches Gedankengut zu verbreiten. Die Bewegung gewann vor allem in den Jahren 2015 und 2016 große Bekanntheit, als sie zunehmend in den politischen Diskurs in den USA eindrang und besonders durch die Präsidentschaftswahl 2016 eine weltweite Aufmerksamkeit erlangte. Die Alt-Right nutzt Social Media, insbesondere Plattformen wie X (ehemals Twitter), 4chan, Reddit und später auch YouTube, um ihre Ideen zu verbreiten, Anhänger:innen zu mobilisieren und eine Gegenöffentlichkeit zu schaffen, die sich gegen den politischen Mainstream stellt. Ein zentrales Merkmal der Alt-Rechts-Bewegung war ihre intelligente Nutzung von Memes und Internetkultur, um ihre politische Agenda zu verbreiten. Memes sind kurze, visuelle Inhalte, die schnell und einfach geteilt werden können und häufig humorvoll oder satirisch wirken. Die Alt-Right nutzt diese Form der Kommunikation, um rassistische und sexistische Ideologien zu verbreiten und die öffentliche Wahrnehmung zu manipulieren, ohne direkt als politische Propaganda wahrgenommen zu werden. Besonders bekannt wurde das Pepe the Frog-Meme, das von den Anhänger:innen der Alt-Right als Symbol für ihre Bewegung verwendet wurde. Was ursprünglich als harmloses Comic-Bild begann, wurde von Alt-Right-Anhänger:innen zunehmend für rassistische und nationalistische Botschaften genutzt. Die Nutzung von Social Media-Plattformen wie X (ehemals Twitter) und 4chan ermöglichte es der Alt-Right, eine breite Anhänger:innenschaft zu gewinnen. Diese Plattformen haben eine hohe Reichweite und erlauben es Nutzer:innen, Inhalte schnell und anonym zu verbreiten. Auf X (ehemals Twitter) wurden häufig provokante und polarisierte Botschaften verbreitet, die besonders in der Politik der Identität wurzelten – ein Konzept, das in der Alt-Right stark vertreten ist und das den Opferstatus der „weißen Mehrheitsgesellschaft" betont und gegen „politische Korrektheit" mobilisiert. Dieser Appell an die Opferrolle half, viele Wähler:innen zu erreichen, die sich von den traditionellen politischen Parteien nicht repräsentiert fühlten und die sich von der aufkommenden Diskussion um Migration, Multikulturalismus und globale Eliten bedroht sahen. Ein weiterer Aspekt, der die Alt-

Right-Bewegung auf Social Media auszeichnete, war die gezielte Echokammer-Bildung und die Nutzung von Foren wie 4chan und Reddit . Diese Foren bieten Anonymität und eine geschlossene Umgebung, in der Mitglieder rassistische und andere extremistische Ideen frei austauschen konnten, ohne Gefahr zu laufen, von der breiten Öffentlichkeit oder den traditionellen Medien kritisiert zu werden. Die Foren erlaubten den Austausch von radikalisierten Ideen und schufen eine digitale Parallelwelt , in der politische Mainstream-Positionen abgelehnt und alternative, meist rassistische und antifeministische Narrative verbreitet wurden. Auch die Strategie der Zensurumgehung spielte eine Rolle: Durch das Erstellen von Alternativaccounts und die Nutzung weniger regulierter Plattformen konnten die Anhänger:innen der Alt-Right ihre Botschaften verbreiten, ohne dass diese sofort entfernt wurden. Ein weiteres wesentliches Element der Alt-Right-Strategie war die gezielte Nutzung von YouTube und Influencern , um ihre Botschaften zu verbreiten und ihre Anhänger:innen zu mobilisieren. YouTube bot eine Plattform, auf der Inhalte in einer langen, audiovisuellen Form vermittelt werden konnten, was den Anhänger:innen ermöglichte, ihre Ansichten auf eine Weise zu präsentieren, die für das breite Publikum weniger aggressiv und konfrontativ wirkte als auf anderen Plattformen. Viele Mitglieder der Alt-Right, wie etwa der YouTuber Stefan Molyneux oder der „Philosoph" Richard Spencer , nutzen ihre Kanäle, um ihre rassistischen und völkischen Ideologien zu verbreiten, oft in einer vermeintlich intellektuellen und rationalen Sprache, die von vielen jungen Menschen als besonders überzeugend empfunden wurde. Die Wahrnehmung der Bewegung als intellektuell verstärkte den Einfluss der Alt-Right. Sie präsentierte sich als eine ernsthafte politische Bewegung, die sich nicht mit den üblichen extremistischen Rhetoriken abgab, sondern eher eine „neue, aufklärerische" Vision einer ethnonationalistischen Gesellschaft vertrat. Die Influencer und YouTuber, die diese Botschaften verbreiten, nutzen visuelle Mittel wie professionell produzierte Videos , interaktive Diskussionen und Live-Streams , um ihre Anhänger:innenschaft zu vergrößern. In diesen Formaten wurden oft komplexe politische und philosophische Diskussionen geführt, die versuchten, extremistische Ideologien als eine Begründung und wissenschaftliche Haltung darzustellen. Ein besonders beliebtes Format war das „Longform-Interview" oder die „Debatten" , die mit prominenten Vertreter:innen der politischen Rechten durchgeführt wurden. Diese Gespräche, die auf YouTube eine große Reichweite erlangten, sorgen dafür, dass die Alt-Right als eine ernstzunehmende politische Bewegung wahrgenommen wurde, die von einer breiten Anhänger:innenschaft Unterstützung fand, nicht zuletzt unter jungen, frustrierten Wähler:innen, die sich von der politischen Elite abgewendet haben hatte. Die Alt-Right konnte durch die Nutzung von Social Media in den Jahren 2015 bis 2017 eine beachtliche Anhänger:innenschaft aufbauen und sich als eine bedeutende politische Kraft in den USA etablieren. Die Bewegung war besonders während der Präsidentschaftswahl 2016 aktiv, in der sie eine wichtige Rolle bei der Unterstützung von Donald Trump spielte. Viele Alt-Right-Anhänger:innen sahen in Trump eine Figur, die die „politische Korrektheit" herausforderte und eine „rassischere" und „nationale" Politik propagierte. Die Verbreitung von Alt-Right-Idealen in der breiten Öffentlichkeit trug zu einer politischen Spaltung bei und beeinflusste den Wahlkampf erheblich. Die Auswirkungen der Alt-Right-Nutzung von Social Media sind langfristig zu betrachten. Auf der einen Seite trugen sie zu einer zunehmenden Polarisierung der Gesellschaft bei, indem sie gesellschaftliche Gruppen gegeneinander ausspielten und Angst vor Migrant:innen, Flüchtlingen und einer angeblichen „Globalisten-Elite" schürten. Auf der anderen Seite haben sie die Vernetzung und Verbreitung extrem rechter Ideen weltweit stark beschleunigt. Die Alt-Right konnte nicht nur Anhänger:innen in den USA gewinnen, sondern ihre Botschaften fanden auch in Europa und anderen westlichen Ländern Gehör. Die digitale Präsenz der Alt-Right und die Strategien der Plattformnutzung haben zudem dazu beigetragen, dass extremistische Ideologien verstärkt in den politischen Mainstream gelangten. Insbesondere durch Social Media wurde es möglich, diese Ideologien zu normalisieren und zu verschleiern, sodass sie nicht mehr als radikal galten, sondern als Teil eines „legitimen" politischen Diskurses. Zusammenfassend lässt sich sagen, dass die Alt-Right-Bewegung ein Paradebeispiel dafür ist, wie Social Media als Plattform für die Verbreitung extrem nationalistischer und rassistischer Ideologien genutzt werden kann. Die Strategien der Meme-Verbreitung, der Nutzung von YouTube und anderen sozialen Plattformen sowie die gezielte Rekrutierung von Anhänger:innen halber Alt-Right, eine beachtliche politische Bewegung zu etablieren und die politische Landschaft der USA nachhaltig zu beeinflussen.

Donald Trumps Präsidentschaftswahlkampagne (USA, 2016)

Donald Trumps Wahlkampagne setzte neue Maßstäbe in der Nutzung sozialer Medien, insbesondere durch die gezielte Kombination aus kontroversen Botschaften, direkten Interaktionen und datengetriebener Werbung.

Direkte Kommunikation und Mobilisierung: Trump nutzte X (ehemals Twitter) als primären Kommunikationskanal, um seine Botschaften direkt an seine Anhänger:innen zu richten. Mit über 85 Millionen Tweets pro Monat erreichte er sowohl Unterstützer als auch Gegner, was ihn zum Mittelpunkt des öffentlichen Diskurses machte (vgl.Enli, 2017).

Provokation und Polarisierung: Trumps kontroverse Tweets und Videos sorgten für ständige Aufmerksamkeit in den Medien und erhöhten die Sichtbarkeit seiner Kampagne. Der gezielte Einsatz von Emotionalisierung half, seine Anhänger:innen zu mobilisieren und Gegner zu spalten.

Memes und Influencer-Kultur: Die Trump-Kampagne nutzte virale Memes und arbeitete mit Social-Media-Influencern zusammen, um ihre Botschaften zu verbreiten. Diese Inhalte waren oft humorvoll oder provokativ und sprachen insbesondere jüngere Zielgruppen an, die über traditionelle Medien schwer zu erreichen waren (vgl.Nagle, 2017).

Die Kampagne zeigte, wie eine strategische Nutzung von Social Media traditionelle politische Kampagnen revolutionieren kann, indem sie den öffentlichen Diskurs dominiert und Wähler:innen effektiv anspricht.

Der Sturm auf das US-Kapitol (2021)

Der Sturm auf das US-Kapitol am 6. Januar 2021 war eines der dramatischsten Ereignisse in der modernen Geschichte der Vereinigten Staaten und ein klares Beispiel dafür, wie Social Media als Werkzeug für die Mobilisierung und Organisation von extremistischen Gruppen eingesetzt wurde. Tausende von Anhänger:innen des damaligen US-Präsidenten Donald Trump stürmten das Kapitol in Washington, DC, in dem Moment, als der Kongress dabei war, das Ergebnis der Präsidentschaftswahlen 2020 zu bestätigen. Der Angriff auf das Kapitol war das explosive Ende eines jahrelangen Prozesses der Radikalisierung und Mobilisierung über Social Media, in dem Verschwörungstheorien, politische Manipulation und die Schürung von Angst und Misstrauen zentrale Rollen spielten. Die Nutzung von Social Media durch die rechten und extremistischen Gruppen, die am Sturm auf das Kapitol beteiligt waren, begann nicht erst am Tag des Angriffs. Schon Wochen und Monate zuvor hatten Trump-Anhänger:innen und rechte Gruppen Social Media-Plattformen genutzt, um die Verschwörungstheorie zu verbreiten, dass die Präsidentschaftswahlen 2020 gestohlen worden seien. Der Hashtag #StopTheSteal wurde zur zentralen Kampagne, die behauptete, die Wahl sei durch betrügerische Praktiken zugunsten von Joe Biden manipuliert worden. Plattformen wie X (ehemals Twitter) , Meta (ehemals Facebook) , Instagram und insbesondere Telegram wurden von Anhänger:innen der QAnon-Bewegung , Proud Boys und anderen rechtsextremen Gruppen genutzt, um ihre Botschaften zu verbreiten, Proteste zu organisieren und zu radikalen Aktionen aufzurufen. Telegram spielte eine besonders wichtige Rolle, da es eine weniger regulierte Plattform war, auf der Mitglieder extremistischer Gruppen Informationen austauschen und zu gemeinsamen Aktionen aufrufen konnten, ohne Angst vor der Zensur durch größere soziale Netzwerke. Zahlreiche Verschwörungstheorien , wie die Vorstellung einer „gestohlenen Wahl" , wurden in diesen Gruppen und auf sozialen Medien kontinuierlich verbreitet. Diese Erzählung fand breite Zustimmung unter den Anhänger:innen von Trump, und es entstand eine massive digitale Echo-Kammer , in der abweichende Meinungen oder die Bestätigung der Wahlergebnisse durch die Wahlkommission und Gerichte ignoriert wurden. Stattdessen wurde den Anhänger:innen über Social Media ein geschlossenes Weltbild präsentiert, das sie dazu anspornte, sich aktiv gegen die politische Ordnung zu stellen. Die tatsächliche Mobilisierung für den Sturm auf das Kapitol begann sich auf Plattformen wie Telegram und Parler zu verstärken. Telegram, das besonders unter extremistischen Gruppen beliebt ist, ermöglichte die Bildung geschlossener Gruppen und Kanäle, auf denen sich Teilnehmer*innen anonym und ohne Angst vor Zensur oder Löschung austauschen konnten. Diese Kanäle wurden genutzt, um detaillierte Pläne für den Angriff auf das Kapitol zu schmieden, sich über den Verlauf des Tages abzustimmen und sich gegenseitig zu motivieren. Auf Parler , einer Plattform, die als „Alternative" zu X (ehemals Twitter) entstand und weniger strenge Zensurmaßnahmen hatte, fanden sich rechte Aktivisten, die ihren politischen Standpunkt und ihre Vorbereitung für den Angriff detailliert dokumentierten. Es war auf diesen Plattformen, dass viele der Akteure des Kapitol-Sturms den Entschluss fassten, den Kongress zu stürmen und die Wahlzertifizierung zu verhindern. Am 6. Januar 2021, nachdem Donald Trump bei einer Massenkundgebung in Washington seine Anhänger:innen zu einem Marsch auf das Kapitol gerufen hatte, versammelten sich Tausende von seinen Unterstützern vor dem Kapitol, und viele von ihnen stürmten das Gebäude. In den Tagen und Wochen zuvor hatten Social-Media-Posts und Telegram-Kanäle zu einer verstärkten Mobilisierung beigetragen, die den Protest zunehmend radikalisierte. Ein wesentlicher Faktor für den Erfolg der Mobilisierung war die emotionale Ansprache und Rhetorik , die durch die sozialen Netzwerke transportiert wurde. Auf Social Media, und besonders in extremistischen Echo-Kammern, wurden die Ereignisse des 6. Januar als „letzte Chance" dargestellt, die „wahre Wahl" zu retten und die „Korrupte Elite" zu stürzen. Diese emotional aufgeladenen, oft gewaltsamen Aufrufe wurden von zahlreichen prominenten Unterstützern und Influencern innerhalb der rechten Szene verstärkt. Der Sturm auf das Kapitol zeigte die gefährliche Kraft von Social Media bei der Radikalisierung und Mobilisierung politischer Gewalt. Er verdeutlichte auch, wie effektive digitale Plattformen zur Organisation von Protesten und gewalttätigen Aktionen eingesetzt werden können. Die Ereignisse des 6. Januar brachten nicht nur die politische Landschaft der USA durcheinander, sondern hatten auch weitreichende internationale Auswirkungen. In den Tagen nach dem Angriff wurden die Verbindungen zwischen den extremistischen Gruppen und ihrer Nutzung von Social Media immer deutlicher. Zahlreiche rechtsradikale Gruppen wurden nach den Ereignissen von den großen Plattformen wie X (ehemals Twitter) und Meta (ehemals Facebook) verbannt, jedoch nicht bevor sie erhebliche Schäden angerichtet hatten. Dies führte zu einer intensiven Debatte über die Verantwortung der Plattformen , wie man mit extremistischen Inhalten umgehen sollte und ob Plattformen wie X (ehemals Twitter) und Meta (ehemals Facebook) eine aktivere Rolle bei der Prävention solcher gewaltsamen Mobilisierungen spielen müssten. Ein weiterer wichtiger Aspekt war die rechtlichen und gesellschaftlichen Konsequenzen . Der Sturm auf das Kapitol führte zu hunderten von Verhaftungen, aber auch zu einer tiefen Gesellschaftspolarisierung . Der politische Diskurs, der durch Social Media in den letzten Jahren immer mehr von radikalen Positionen dominiert wurde, hatte nun konkrete Auswirkungen auf die politische Gewalt . Die Frage, wie bestimmte Gruppen durch Social Media radikalisiert werden könnten, und welche Verantwortung Plattformen bei der Prävention solcher Ereignisse tragen, ist eine der zentralen Diskussionen, die durch diese Ereignisse angestoßen wurde. Die Ereignisse des 6. Januar haben die Weltöffentlichkeit auf die Gefahren der unregulierten Nutzung von Social Media für politische Mobilisierung aufmerksam gemacht. Sie haben gezeigt, wie Plattformen als Werkzeuge der Radikalisierung dienen können, indem sie eine massive Reichweite bieten, um Emotionen zu schüren und zu gewaltsamen Aktionen anzustiften. Die Zunahme von Verschwörungstheorien , Hassreden und politischer Manipulation in sozialen Netzwerken stellte die Plattformen vor neue Herausforderungen und führte zu einer intensiven Diskussion über die Regulierung von Social Media und den Umgang mit extremistischen Inhalten. Zusammenfassend lässt sich sagen, dass der Sturm auf das US-Kapitol ein dramatisches Beispiel für die Radikalisierung und Mobilisierung durch Social Media darstellt. Es zeigte sich, wie die Plattformen genutzt werden können, um nicht nur politische Meinungen zu beeinflussen, sondern auch zur Organisation politischer Gewalt beizutragen. Der Vorfall hat die Risikopotentiale von Social Media in Bezug auf den politischen Diskurs und die öffentliche Ordnung aufgedeckt und bleibt ein Beispiel für die komplexen Herausforderungen, vor denen die Gesellschaft im digitalen Zeitalter steht.

Pegida

Pegida (Patriotische Europäer gegen die Islamisierung des Abendlandes) ist eine rechtspopulistische Bewegung, die 2014 in Dresden, Deutschland, ins Leben gerufen wurde. Pegida richtet sich gegen die Islamisierung Europas und stellt die Aufnahme von Flüchtlingen und Migrant:innen sowie die Ausweitung des Islam als Gefahr für die europäische Kultur und Werte dar. Die Bewegung gewann schnell an Popularität, insbesondere in den Jahren 2014 bis 2016, als die Flüchtlingskrise die öffentliche Diskussion dominierte. Die Rolle von Social Media bei der Entstehung und dem Wachstum von Pegida kann nicht übersehen werden – sie war entscheidend für die Mobilisierung der Anhänger:innenschaft und die Verbreitung ihrer islamfeindlichen Botschaften. Pegida setzte von Anfang an auf die Nutzung von Social Media, um ihre ideologischen Botschaften und Protestaktionen weitreichend zu verbreiten. Besonders auf Meta (ehemals Facebook) und X (ehemals Twitter) wurde die schnell bekannt, wobei Meta (ehemals Facebook) als zentrale Plattform für die Organisation von Demonstrationen und das Teilen von Inhalten genutzt wurde. Pegida verstand es, Social Media gezielt zur Vernetzung von Gleichgesinnten zu nutzen, die sich von den etablierten politischen Parteien nicht vertreten fühlt. Die Bewegung baut auf einer ganzheitlichen digitalen Strategie auf , die sowohl die Verbreitung von Protestaufrufen als auch die emotionale Mobilisierung ihrer Anhänger:innenumfasste. Ein zentrales Element der Social-Media-Strategie war die Fokussierung auf die Angst vor dem Islam und der Migration . Pegida verbreitete regelmäßig Botschaften, die den Islam als Bedrohung darstellten und Migrant:innen als potenzielle Terroristen oder Kulturfremde bezeichneten. Diese Themen wurden bewusst emotional aufgeladen und oft mit dramatischen Bildern und Nachrichten kombiniert, um die Ängste der Bevölkerung vor einem Verlust der nationalen Identität und einer Überfremdung zu schüren. Auf Meta (ehemals Facebook) und X (ehemals Twitter) wurden oft Bilder von Kriminalität , Gewalt oder Terroranschlägen geteilt, die fälschlicherweise als Folgen von Migration oder dem Wachstum des Islam in Europa dargestellt wurden. Ein weiteres wichtiges Werkzeug war der Einsatz von viralen Hashtags , wie zum Beispiel #MerkelMustGo oder #IslamisierungStoppen , die mit Protestaufrufen und politischen Botschaften verbunden waren. Diese Hashtags wurden auf X (ehemals Twitter) und Meta (ehemals Facebook) weit verbreitet und trugen zur Mobilisierung neuer Anhänger:innen bei. Die Hashtags dienen nicht nur dazu, Aufmerksamkeit zu erlangen, sondern auch dazu, die Bewegung als Teil einer breiten, transnationalen Welle des Widerstands gegen die „Islamisierung" zu positionieren. Zusätzlich nutzt Pegida YouTube und Blogs , um ihre Islamkritik und die damit verbundene politische Botschaft weiter zu verbreiten. Auf YouTube wurden Videos hochgeladen, die die vermeintliche Bedrohung durch den Islam in dramatischer Weise darstellten. Diese Videos beinhalten oft Ausschnitte aus Demonstrationen, in denen Pegida-Mitglieder ihre Sichtweise zur Flüchtlingspolitik und der Rolle des Islams in Europa verbreiteten. Ein wichtiger Aspekt der Pegida-Strategie war die Schaffung einer breiten Online-Community , die regelmäßig auf Social Media-Plattformen wie Meta (ehemals Facebook) und X (ehemals Twitter) in trat. Pegida richtet auf Meta (ehemals Facebook) mehrere Seiten und Gruppen ein, die es den Anhänger:innen ermöglichten, Proteste zu organisieren , Diskussionen zu führen und ihre Meinung zu verbreiten. Diese Gruppen wurden zu einem Ort des Austauschs, in dem Anhänger:innen ihre Ängste und Sorgen über die Zunahme von Migrant:innen und die „Islamisierung" ihrer Heimatländer teilen konnten. Die Plattformen bieten einen Rückzugsort für diejenigen, die sich politisch und gesellschaftlich von der etablierten Politik entfremdet fühlen. Besonders wirksam war auch die Zielgruppenansprache , die Pegida durch Social Media realisieren konnte. So konnten gezielt Menschen, die sich Sorgen um die Flüchtlingskrise machen , oder Bürger, die Islamkritik geäußert hatten , angesprochen werden. Social Media ermöglichte es Pegida, eine breite Basis anzusprechen, die sich nicht notwendigerweise als Teil einer extremen Rechten sah, sondern vielmehr als Teil einer „ besorgten Mitte" , die sich über die Migration und die Veränderungen der Gesellschaft sorgte. Die Bewegungen von Pegida spiegeln die zunehmende Polarisierung der Gesellschaft wider, die durch Social Media noch verstärkt wurde. In den Foren und Gruppen von Pegida auf Meta (ehemals Facebook) und X (ehemals Twitter) wurden immer wieder Themen wie „Kulturkampf" , „Abendland gegen Islam" und die angebliche „Gefährdung der europäischen Werte" betont, was zu einer zunehmend radikalisierten Rhetorik führte. Social Media halb, diese Erzählung nicht nur zu verbreiten, sondern auch zu verstärken und die Bewegung weiter zu normalisieren , indem sie ihre Ansichten in den digitalen Raum trug, der für viele zugänglich und leicht zu konsumieren war. Die Auswirkungen der Social-Media-Strategie von Pegida sind nicht zu unterschätzen. Die Bewegung, die ursprünglich in Dresden als lokale Protestbewegung begann, konnte mithilfe von Social Media eine internationale Anhänger:innenschaft gewinnen. Sie brachten das Thema Islamophobie und Migrant:innenangst in den politischen Diskurs und beeinflusste nicht nur Deutschland, sondern auch andere europäische Länder. Die Pegida-Proteste fanden Nachahmer in anderen Ländern, wie beispielsweise in Frankreich und Großbritannien , wo ähnliche Bewegungen entstanden, die sich gegen die Einwanderung und die Islamisierung Europas richteten. Die Mobilisierung von Tausenden von Menschen zu den wöchentlichen Pegida-Demonstrationen in Städten wie Dresden, Leipzig und Berlin war direkt mit der erfolgreichen Nutzung von Social Media verbunden. So konnte Pegida mit jeder Demo die Anzahl ihrer Anhänger:innen vergrößern und sich als eine politische Kraft etablieren, die schwer zu vermeiden neuen Krieg. Social Media ermöglichte es Pegida, den Protest nicht nur lokal , sondern auch national und international bekannt zu machen. Die negative Polarisierung der Gesellschaft , die durch Pegida und andere ähnliche Bewegungen vorangetrieben wurde, führte zu einer Stärkung der rechten Szene in Deutschland und darüber hinaus. Indem Pegida den politischen Diskurs dominierte, verschob sie ihn zunehmend nach rechts und trug zur Stärkung der AfD und anderer rechtspopulistischer Parteien bei. Die islamfeindlichen und migrationskritischen Narrative, die auf Social Media verbreitet wurden, fanden immer mehr Widerhall in der breiten Öffentlichkeit, was zu einem Anstieg der Islamophobie und der Feindseligkeit gegenüber Migrant:innen führte. Pegida selbst konnte durch die Social-Media-Nutzung ihre politische Agenda immer weiterverbreiten und gleichzeitig das Gefühl einer gemeinschaftlichen Identität unter ihren Anhänger:innen stärken. Social Media bot den Mitgliedern der Bewegung eine Plattform, um sich zu vernetzen, sich gegenseitig zu stärken und ihre politisch unpopulären Ansichten in einem sicheren Umfeld zu äußern. Langfristig betrachtet hat die

Pegida-Bewegung gezeigt, wie Social Media als Plattform für die Verbreitung und Verstärkung politischer Bewegungen dienen kann, die sonst möglicherweise marginal geblieben wären. Die Verbreitung von Angst und Feindbildern gegenüber Migrant:innen und dem Islam führte zu einer Verschärfung des gesellschaftlichen Klimas und einer weiteren Polarisierung der politischen Landschaft . Der Erfolg von Pegida verdeutlicht auch die wachsende Einflussnahme von Social Media auf die politische Meinungsbildung , indem radikale Ideen zunehmend in den öffentlichen Diskurs eingebracht werden und die Gräben zwischen den politischen Lagern vertieft werden. Zusammenfassend lässt sich sagen, dass Pegida ein weiteres Beispiel dafür ist, wie Social Media als Mobilisierungsinstrument für politisch extreme Bewegungen genutzt werden kann. Die Verbreitung von Angst und Misstrauen gegenüber dem Islam und Migrant:innen in Verbindung mit der Entstehung digitaler Communities hat nicht nur die politische Landschaft in Deutschland beeinflusst, sondern auch dazu beigetragen, Islamophobie und Rechtspopulismus in der Mitte der Gesellschaft zu tragen. Die Ereignisse rund um Pegida und die Nutzung von Social Media als Plattform für ihre Aktivitäten sind ein markantes Beispiel für die Macht der digitalen Kommunikation in der modernen politischen Landschaft.

QAnon

Die QAnon-Bewegung ist ein erschreckendes Beispiel für die Macht von Social Media, um eine Verschwörungstheorie in der breiten Öffentlichkeit zu tragen und eine weit verbreitete Bewegung zu schaffen. Die Bewegung begann 2017 in den USA und verbreitete sich schnell über Social Media-Plattformen, vor allem über 4chan , 8chan (heute 8kun) und X (ehemals Twitter) , bevor sie auch auf Meta (ehemals Facebook) und Instagram an Einfluss gewann. QAnon basiert auf der Idee, dass es eine geheime Verschwörung von Eliten gibt, die die Welt kontrolliert, und dass Donald Trump gegen diese „satanistische Elite" kämpft. Diese Verschwörungstheorie stellte Trump als den „Auserwählten" dar, der die Welt vor einer Weltregierung und einer tiefen, internationalen Verschwörung beschützen würde. Die Verbreitung von QAnon auf Social Media basiert auf einer Vielzahl viraler Strategien , die es den Bewegungen ermöglicht, ein internationales Publikum zu erreichen. Ein zentrales Element war die Nutzung von Anonymität und versteckten Nachrichten . Die Bewegung begann mit dem sogenannten Q-Drops , die auf der anonymen Plattform 4chan (später auch auf 8kun) von einem anonymen Nutzer:innen namens „Q" veröffentlicht wurden. Diese „Q-Drops" waren kryptische Nachrichten, die angeblich geheime Informationen über die Verschwörung enthielten. Anhänger:innen innen der Bewegung begannen, diese Nachrichten zu entschlüsseln und zu interpretieren, was eine Art digitales Detektivspiel auslöste. Die Nutzer:innen innen interpretieren diese Nachrichten als Hinweise auf die Wahrheit hinter der Verschwörung und als Beweise dafür, dass Trump gegen die „Deep State"-Elite kämpft. Die Interpretation dieser Nachrichten wurde von den Anhänger:innen der Bewegung weit verbreitet und auf Social Media-Foren und Plattformen geteilt, was die Viralisierung der QAnon-Botschaften vorantrieb. Meta (ehemals Facebook) und X (ehemals Twitter) wurden zu Hauptplattformen, auf denen QAnon-Unterstützer*innen ihre Theorien verbreiteten und sich miteinander vernetzten. Auf X (ehemals Twitter) wurden gezielt Hashtags wie #WWG1WGA („Where we go one, we go all") verwendet, um die Anhänger:innenschaft zu organisieren und die Verschwörungstheorien zu verbreiten. Ein weiteres wesentliches Merkmal der Social-Media-Strategie von QAnon war die Anpassungsfähigkeit der Bewegung an die sich ständig verändernden digitalen Umgebungen. Als X (ehemals Twitter) und Meta (ehemals Facebook) begannen, Inhalte von QAnon zu zensieren und Nutzer:innen zu sperren, verlagerte sich die Bewegung zunehmend auf weniger regulierte Plattformen wie Telegram und Parler. Diese Plattformen ermöglichen es den Anhänger:innen, weiterhin ungehindert zu kommunizieren und zu organisieren. Ein weiteres strategisches Element war die Manipulation von Nachrichten und die gezielte Verbreitung von Falschinformationen. QAnon-Anhänger:innen verbreiteten regelmäßig falsche oder verzerrte Nachrichten über prominente Persönlichkeiten, darunter Politiker:innen, Prominente und Medienvertreter. Diese Falschinformationen, oft in Form von Memes, Videos und manipulierten Bildern, wurden in den sozialen Netzwerken verbreitet und trugen dazu bei, das öffentliche Vertrauen in die Medien und die politische Elite zu untergraben. Die QAnon-Bewegung basiert auch auf der Vernetzung mit anderen radikalen Bewegungen. Anhänger:innen von QAnon treffen sich häufig mit anderen rechten Gruppierungen, wie der Alt-Right oder den Proud Boys, und unterstützen gemeinsame politische Aktionen und Proteste. Die Bewegung mobilisierte ihre Anhänger:innen zu Demonstrationen, die oft von Verschwörungstheorien und gewalttätigen Handlungen begleitet wurden. Ein besonders auffälliges Beispiel war die Rolle von QAnon-Anhänger:innen beim Sturm auf das US-Kapitol am 6. Januar 2021, wo viele der Randalierer die QAnon-Symbole und -Slogans trugen. Die QAnon-Bewegung hatte weitreichende Auswirkungen auf die politische Landschaft in den USA und darüber hinaus. Der Erfolg von QAnon auf Social Media zeigte, wie Verschwörungstheorien in der digitalen Ära verbreitet werden können und welche Gefahr diese für die gesellschaftliche Kohäsion und das Vertrauen in demokratische Institutionen darstellt. Die Bewegung polarisierte die Gesellschaft und führte zu einer Zunahme politischer Gewalt, Feindseligkeit gegenüber dem politischen Establishment und einer Stärkung extremistischer Positionen. Ein bemerkenswerter Erfolg von QAnon war die massive Rekrutierung von Anhänger:innen über Social Media. Die Verschwörungstheorien von QAnon richten sich besonders an Menschen, die sich politisch desillusioniert fühlen oder an der Glaubwürdigkeit traditioneller Medien zweifeln. Die Bewegung sprach Themen wie „politische Korruption", „Wahlbetrug" und „geheime Machenschaften der Eliten" an, die in einer zeitpolitischen Unsicherheit auf fruchtbaren Boden fielen. Diese Themen wurden oft durch die Nutzung emotionalisierter und dramatisierter Bilder und Videos auf Social Media verbreitet, die das Vertrauen in die etablierten Medien und Institutionen weiter untergruben. Die Verbreitung von QAnon führte zu einer Reihe von Zensurmaßnahmen und Verbannungen auf großen Social-Media-Plattformen wie X (ehemals Twitter), Meta (ehemals Facebook) und YouTube. Diese Plattformen wurden gestartet, QAnon-bezogene Inhalte zu entfernen und Accounts zu sperren, die regelmäßig diese Verschwörungstheorien verbreiteten. Dies führte jedoch auch zu einer Verlagerung der Bewegung auf weniger regulierte, alternative Plattformen wie Parler und Telegram , die zu wichtigen Kommunikationskanälen für die Bewegung wurden. Diese Entwicklung stellte die Social-Media-Unternehmen vor die Herausforderung, mit extremen und oft gefährlichen Inhalten umzugehen, ohne die Meinungsfreiheit zu stark einzuschränken. Die langfristigen Auswirkungen der QAnon-Bewegung sind weitreichend und betreffen nicht nur die USA, sondern auch andere Länder, in denen Verschwörungstheorien ähnliche Resonanz fanden. QAnon hat die Verbreitung von Fake News und Desinformation massiv befeuert und zu einer Radikalisierung von Teilen der Bevölkerung geführt. Besonders problematisch ist die Kunst und Weise, wie die Bewegung das Vertrauen in demokratische Institutionen und den öffentlichen Diskurs untergräbt. Die Menschen, die sich mit QAnon identifizieren, sind oft tief in ihrer Weltanschauung verankert, was es schwierig macht, diese radikalisierten Ansichten zu ändern. QAnon ist ein Paradebeispiel für die Gefährlichkeit von Social Media als Werkzeug der Radikalisierung und wie digitale Plattformen genutzt werden können, um gefährliche Verschwörungstheorien zu verbreiten und die Gesellschaft zu destabilisieren. Die Bewegung hat gezeigt, wie durch die Nutzung von Anonymität , Manipulation von Inhalten und viralen Strategien eine weltweite Bewegung entstehen kann, die sowohl politische als auch soziale Unruhen stiftet. Zusammenfassend lässt sich sagen, dass die QAnon-Bewegung ein erschreckendes Beispiel dafür ist, wie schnell und effektiv Verschwörungstheorien über Social Media verbreitet werden können und welche tiefgreifenden Auswirkungen diese auf die Gesellschaft haben können. Die Gefahr, die von solchen Bewegungen ausgeht, ist nicht nur die Verbreitung von Desinformation, sondern auch die Polarisierung und Radikalisierung von Teilen der Bevölkerung, was zu ernsthaften politischen und gesellschaftlichen Problemen führen kann.

Identitäre Bewegung (Europa)

Die Identitäre Bewegung ist eine rechtsextreme Gruppierung, die in den 2010er Jahren in Europa entstand und eine der ersten extremistischen Bewegungen war, die Social Media erfolgreich nutzte, um ihre Ideologie zu verbreiten und Anhänger:innen zu mobilisieren. Sie kombiniert moderne, ästhetisch ansprechende Inhalte mit rechtsextremen Botschaften, um vor allem eine junge, technikaffine Zielgruppe anzusprechen. Ihre Social-Media-Strategien haben es der Bewegung ermöglicht, sich als „hippe" Alternative zu traditionellen rechtsextremen Gruppen zu präsentieren, während sie radikale Inhalte propagiert. Die Identitäre Bewegung setzt auf visuell ansprechende und professionell produzierte Inhalte, darunter hochwertige Videos , ansprechende Grafiken und stilvolle Bilder . Diese visuelle Propaganda ist ein zentraler Bestandteil ihrer Strategie, da sie gezielt darauf abzielt, junge Menschen anzuziehen, die mit traditionellen rechtsextremen Symbolen und Ästhetiken nicht beginnen können. In ihren Videos und Bildern verwendet die Bewegung europäischer Symbole wie Kreuze, Landschaften oder historische Referenzen, um ihre Botschaft des Kulturkampfes und der Verteidigung Europas zu unterstreichen. Solche Inhalte wirken nicht nur professionell, sondern sind auch emotional aufgeladen und leicht teilbar. Wie die Forscherin Cynthia Miller-Idriss in ihrem Buch „Hate in the Homeland" (2020) beschreibt, spielt die visuelle und kulturelle Ästhetik eine zentrale Rolle, um rechtsextreme Ideologien subtil in den Mainstream einzuschleusen. Die Identitäre Bewegung organisiert gezielt provokative Aktionen , die speziell für Social Media inszeniert werden. Ein prominentes Beispiel ist die Blockade von NGO-Schiffen im Mittelmeer , eine Kampagne, die unter dem Hashtag #DefendEurope lief. Diese Aktion richtet sich darauf, die Arbeit von Hilfsorganisationen zu behindern, die Flücht-linge zu retten und gleichzeitig mediale Aufmerksamkeit für die eigene Agenda zu erzeugen. Hashtags wie #DefendEurope , #StopMigration oder #Reconquista wurden viral verbreitet und halfen, die Bewegung als wich-tige Akteur im Kampf gegen Migration und Multikulturalismus zu positionie-ren. Die Aktionen selbst – von Besetzungen bis hin zu symbolischen Pro-testen – wurden dabei als „Widerstand gegen die Überfremdung Europas" inszeniert und in professionell produzierten Videos festgehalten, die sich rasch über YouTube, Meta (ehemals Facebook) und X (ehemals Twitter) verbreiteten. Über Social Media tritt die Identitäre Bewegung direkt mit ih-ren Anhänger:innen in Kontakt, etwa durch Livestreams , Fragerunden oder die direkte Beantwortung von Kommentaren. Diese Interaktionen stärken das Gefühl einer engen Verbindung zwischen der Bewegung und ihrer Anhänger:innenschaft. Besonders in geschlossenen Gruppen und auf Plattformen wie Telegram oder Discord wird die Gemeinschaftsbildung ge-fördert. Hier tauschen sich Mitglieder über politische Strategien, Ideen und Aktionen aus, wodurch ein starkes Gefühl von Zugehörigkeit und Engage-ment entsteht. Die Identitäre Bewegung nutzt auf Social Media gezielt Kul-turkampf-Narrative und betont die Notwendigkeit, die europäische Identität und Kultur vor einer angeblichen „Überfremdung" durch Migration und Is-lamisierung zu schützen. Sie propagiert die Idee eines „großen Aus-tauschs" , einer Verschwörungstheorie, die behauptet, dass die europäi-sche Bevölkerung systematisch durch Migrant:innen ersetzt werden soll. Diese Narrative werden subtil und durch emotionalisierte Botschaften ver-breitet, um eine breite Zielgruppe zu erreichen, ohne offen extremistisch zu wirken. Gleichzeitig positionierte sich die Bewegung als intellektuell und modern, was sie von traditionellen rechtsextremen Gruppen abhebt. Sie nutzt Begriffe wie „Metapolitik" , um ihren Anspruch auf die kulturelle und politische Dominanz zu untermauern, und spricht gezielt junge, gebildete Menschen an, die sich von Mainstream-Parteien entfremdet fühlen. Die Social-Media-Strategien der Identitären Bewegung haben dazu geführt, dass sie weit über ihre ursprüngliche Basis hinaus Bekanntheit erlangt hat. Besonders in Ländern wie Deutschland, Frankreich und Österreich konnte die Bewegung durch gezielte Kampagnen und virale Inhalte eine breite

Aufmerksamkeit erzielen. Mobilisierung junger Menschen : Durch ihre moderne Ästhetik und die Nutzung jugendlicher Kommunikationsformen gelang es der Identitären Bewegung, vor allem junge Menschen anzusprechen, die sich mit den traditionellen Parteien und politischen Strukturen nicht identifizieren können. Ihre Inhalte sprechen häufig Emotionen wie Stolz, Angst und Widerstand an, was junge Menschen leicht anspricht. Die Bewegung hat es geschafft, zentrale Erzählung wie den „großen Austausch" oder die „Islamisierung Europas" in den politischen Diskurs zu tragen. Diese Narrative wurden von anderen rechtspopulistischen und rechtsextremen Gruppen, etwa der AfD in Deutschland oder Marine Le Pens Rassemblement National in Frankreich, übernommen und weiterverbreitet. Internationale Vernetzung : Die Identitäre Bewegung hat auch eine starke internationale Dimension. Gruppen in verschiedenen Ländern Europas, wie „Génération Identitaire" in Frankreich oder die österreichische „Identitäre Bewegung", arbeiten eng zusammen und nutzen ähnliche Strategien und visuelle Propaganda, um ihre Botschaften zu verbreiten. Die Identitäre Bewegung steht zunehmend unter Beobachtung von Behörden und sozialen Plattformen. In vielen Ländern wurden ihre Aktivitäten als extremistisch eingestuft, und Plattformen wie Meta (ehemals Facebook) und X (ehemals Twitter) gestartet, Inhalte zu sperren und Accounts zu löschen. Hat die Bewegung alternative Plattformen wie Telegram oder Gab genutzt, um ihre Anhänger:innen weiterhin zu erreichen. Die Kombination aus professioneller Präsentation und radikalen Inhalten macht die Identitäre Bewegung zu einer besonders gefährlichen Kraft in der digitalen Landschaft. Ihre Fähigkeit, sich visuell und rhetorisch an den Mainstream anzupassen, stellt eine Herausforderung für die Gesellschaft und die Plattformbetreiber dar. Ihre Social-Media-Präsenz zeigt, wie Extremismus in einer modernen, digitalen Welt eine breite Öffentlichkeit erreichen und beeinflussen kann. (vgl.Miller-Idriss, 2020).

Chancen und Risiken von Social Media im politischen Kontext

Chancen

Social Media bietet eine Vielzahl von Chancen für politische Bewegungen, indem es eine Plattform für die Verbreitung von Informationen schafft und es den Nutzer:innen ermöglicht, sich schnell zu organisieren und zu mobilisieren. Für Bewegungen wie „Fridays for Future", #MeToo und andere soziale Bewegungen war Social Media ein entscheidendes Werkzeug, um Aufmerksamkeit zu erlangen und Veränderungen anzustoßen. Diese Plattformen haben es globalen Protestbewegungen ermöglicht, Menschen zu erreichen, die sonst vielleicht nicht die Möglichkeit gehabt hätten, sich zu organisieren. Die Reichweite von Social Media und die Interaktivität ermöglichen es, eine breite Masse zu erreichen und sie zur Teilnahme zu ermutigen (vgl.Boulianne, 2015).

Ein weiterer Vorteil von Social Media ist, dass es den Bürgern eine Plattform bietet, auf der sie ihre Stimmen erheben und an politischen Prozessen teilnehmen können. In traditionellen Medien sind Minderheitsmeinungen oft unterrepräsentiert, aber auf Social Media-Plattformen können diese Stimmen gehört werden. Social Media hat es zudem ermöglicht, politische Transparenz zu erhöhen und Missstände in der Gesellschaft und der Politik sichtbarer zu machen. Die #MeToo-Bewegung ist ein weiteres Beispiel dafür, wie Social Media zur Bekämpfung von Diskriminierung und Gewalt beitragen kann, indem es den Opfern eine Plattform bietet, ihre Geschichten zu teilen und öffentliche Unterstützung zu erhalten (vgl.Klein, 2018).

Die Demokratisierung der politischen Kommunikation ist eine der größten Stärken von Social Media. Menschen, die in traditionellen Medien nicht gehört werden, haben nun die Möglichkeit, ihre Anliegen und Perspektiven zu verbreiten und öffentliche Aufmerksamkeit auf Themen zu lenken, die ansonsten unter den Tisch fallen könnten. Dieser Aspekt hat das Potenzial, die politische Landschaft auf der ganzen Welt zu verändern und zu einer inklusiveren und gerechteren Gesellschaft beizutragen.

Risiken

Trotz der vielen Chancen, die Social Media bietet, gibt es auch erhebliche Risiken, die nicht unbeachtet bleiben dürfen. Ein zentrales Risiko ist die zunehmende Polarisierung der Gesellschaft. Studien zeigen, dass Social Media dazu beitragen kann, Menschen in Informationsblasen zu isolieren, in denen sie nur noch mit ähnlichen Ansichten konfrontiert werden. Diese Filterblasen verstärken bestehende Überzeugungen und machen es schwieriger, einen konstruktiven Dialog zwischen unterschiedlichen politischen oder gesellschaftlichen Gruppen zu führen. Die Fehleinschätzung der Realität und die Bildung von extremen Ansichten werden durch Algorithmen verstärkt, die darauf abzielen, den Nutzer:innen Inhalte anzuzeigen, die sie am meisten ansprechen und die höchste Interaktionsrate erzielen (vgl.Sunstein, 2001).

Ein weiteres Problem ist die Verbreitung von Fake News und Desinformation. Besonders in Wahlzeiten wird Social Media von verschiedenen Akteur:innen genutzt, um die öffentliche Meinung zu beeinflussen. Die Verbreitung von falschen oder manipulativen Informationen hat nicht nur die politische Debatte verschärft, sondern auch das Vertrauen in Institutionen und die demokratischen Prozesse untergraben. In Deutschland wurden insbesondere in den Jahren vor den Bundestagswahlen 2017 und 2021 Falschinformationen verbreitet, die das Ziel hatten, die politische Wahrnehmung zu manipulieren und Angst zu schüren. Die Verbreitung von Fake News, vor allem über Meta (ehemals Facebook) und X (ehemals Twitter), hat die öffentliche Wahrnehmung erheblich beeinflusst und die politische Debatte in Deutschland radikalisiert (vgl.Lazer et al., 2018).

Ein weiteres Risiko von Social Media ist die Verstärkung von Hate Speech und rassistischen, xenophoben oder antisemitischen Äußerungen. Hate Speech beziehungsweise Hassrede bezeichnet die öffentliche Verbreitung von Informationen oder Aussagen, die Einzelpersonen oder Gruppen aufgrund von deren Ethnizität, Religion, Geschlecht oder anderen Merkmalen diskriminieren, beleidigen oder zur Gewalt anstacheln. Online-Plattformen wie Social Media sind besonders anfällig für die Verbreitung von Hassrede, da sie eine schnelle und weite Verbreitung von extremen Meinungen ermöglichen. Hassrede ist nicht nur eine rechtliche Herausforderung, sondern auch eine gesellschaftliche, da sie die sozialen Spannungen verstärken und zur Polarisierung der Gesellschaft beitragen kann. Plattformen wie Meta (ehemals Facebook) und X (ehemals Twitter) sind für ihre Schwierigkeiten bekannt, solche Inhalte effektiv zu moderieren und zu löschen. Das Fehlen einer konsequenten Moderation hat es ermöglicht, dass extremistische Gruppen diese Plattformen als Hauptkanäle nutzen, um ihre Botschaften zu verbreiten und Anhänger:innen zu rekrutieren. Diese Form der digitalen Gewalt hat weitreichende Auswirkungen auf die Gesellschaft und trägt zur Schaffung einer feindseligen, intoleranten Umgebung bei.

Bots und KI-Technologien spielen eine zunehmend zentrale Rolle in der Manipulation von Online-Diskursen und der Verbreitung politischer Inhalte. Bots sind automatisierte Programme, die in sozialen Netzwerken Inhalte posten, teilen oder liken, ohne dass ein Mensch direkt eingreift. Sie werden oft eingesetzt, um Meinungen zu manipulieren, Inhalte künstlich populär erscheinen zu lassen oder politische Botschaften zu verbreiten. Bots können auch dazu verwendet werden, Diskussionen zu stören oder gegensätzliche Meinungen zu unterdrücken. Sie sind darauf ausgelegt, Inhalte massenhaft zu teilen, die Reichweite bestimmter Narrative zu erhöhen und Debatten gezielt zu beeinflussen. Bots generieren Likes, Shares und Kommentare in großem Umfang, um den Eindruck zu erwecken, dass eine bestimmte Meinung von einer breiten Basis unterstützt wird. Dies schafft eine falsche Wahrnehmung von Popularität und Legitimität, die wiederum echte Nutzer:innen dazu bringen kann, sich einer vermeintlich „populären" Bewegung anzuschließen. Die Fähigkeit von Bots, Inhalte plattformübergreifend zu verbreiten, verstärkt ihre Wirksamkeit erheblich. Beispielsweise können Bots auf X (ehemals Twitter) gezielt Hashtags wie #DefendEurope oder #MerkelMussWeg pushen, wodurch diese Begriffe in den Trending-Listen erscheinen. Durch die algorithmische Priorisierung solcher Themen werden diese Inhalte auch Nutzer:innen angezeigt, die ursprünglich nicht in das Zielpublikum der Kampagne fallen. Gleichzeitig können Bots automatisiert Beiträge auf Telegram, Instagram oder Meta (ehemals Facebook) teilen, was ihre Reichweite und Sichtbarkeit weiter erhöht. Neben der Verbreitung von Inhalten beeinflussen Bots auch Debatten direkt, indem sie Kommentare generieren, die die öffentliche Meinung verzerren. Dies geschieht oft durch: *Verstärkung extremistischer Meinungen*: Bots können wiederholt ähnliche Kommentare posten, um den Eindruck zu erwecken, dass eine radikale Sichtweise von vielen Menschen geteilt wird. *Ablenkung und Verwirrung*: Durch den Einsatz von „Whataboutism" oder irrelevanten Kommentaren in Diskussionen wird die Aufmerksamkeit von kritischen Themen abgelenkt.

Fortschritte in der KI-Technologie haben die Erstellung von Deepfakes – realistisch manipulierten Videos und Audiodateien – vereinfacht. Diese Technologie wird zunehmend genutzt, um:

Politische Gegner zu diskreditieren: Deepfakes können so manipuliert werden, dass sie Politiker:innen in kompromittierenden oder falschen Szenarien zeigen, wodurch deren Ruf erheblich geschädigt werden kann.

Falsche Bedrohungsszenarien zu erzeugen: Videos, die etwa Gewaltakte oder Massenproteste zeigen, werden manchmal als Beweise für gesellschaftliche Unruhen verbreitet, obwohl sie in Wirklichkeit inszeniert oder verändert wurden.

Die Kombination von Deepfakes und Bots verstärkt die Wirkung solcher Manipulationen, da Bots diese Inhalte schnell und massenhaft verbreiten können. Die Nutzung von Bots und KI stellt eine erhebliche Herausforderung für die Regulierung von Social Media dar. Plattformen kämpfen damit, automatisierte Aktivitäten zu erkennen, da Bots oft menschliches Verhalten imitieren und damit durch Standardfilter schlüpfen. Zudem fehlen einheitliche globale Regelungen, was es schwierig macht, grenzüberschreitende Kampagnen zu stoppen. Eine zentrale Schwachstelle ist die Abhängigkeit von Algorithmen: Bots sind in der Lage, diese Mechanismen zu ihrem Vorteil zu nutzen, indem sie emotionale oder kontroverse Inhalte priorisieren. Dies erschwert die Durchsetzung von Maßnahmen gegen Desinformation und verstärkt die Auswirkungen auf politische Prozesse.

Angesichts der Risiken, die mit der unregulierten Nutzung von Social Media verbunden sind, ist es entscheidend, Gegenstrategien zu entwickeln, um den Missbrauch dieser Plattformen zu verhindern und gleichzeitig ihre positiven Potenziale zu nutzen. Es müssen konkrete Maßnahmen ergriffen werden, um die Verbreitung von Desinformation und extremistischen Inhalten zu verhindern, ohne dabei die Meinungsfreiheit und den demokratischen Diskurs zu gefährden. Im folgenden Abschnitt werden Handlungsempfehlungen und Gegenstrategien vorgestellt, die eine verantwortungsvolle Nutzung von Social Media fördern und die Verbreitung von extremistischen Inhalten eindämmen sollen.

Handlungsempfehlungen und Gegenstrategien

Rechtsextreme und neue rechte Bewegungen nutzen Social Media als zentralen Raum, um ihre Ideologien zu verbreiten und Unterstützer zu mobilisieren. Plattformen wie Meta (ehemals Facebook), X (ehemals Twitter) oder YouTube bieten eine niedrigschwellige und effektive Möglichkeit, mit minimalem Aufwand eine breite Öffentlichkeit zu erreichen. Diese Kanäle haben eine weitreichende Kommunikation und ermöglichen es extremistischen Akteur:innen, polarisierende Themen wie Migration, nationale Souveränität und kulturelle Identität zu besetzen, was die gesellschaftliche Stimmung und politische Landschaft erheblich beeinflussen kann.

Die gesellschaftlichen Auswirkungen sind gravierend, da Social Media als Verstärker für die Normalisierung extrem nationalistischer und diskriminierender Ideologien dient. Der öffentliche Diskurs wird zunehmend von diesen Positionen geprägt, was demokratische Werte wie Toleranz und Pluralismus gefährdet. Die Herausforderung besteht darin, dass sich diese extremistischen Ansichten durch Algorithmen der Plattformen weiter verbreiten und durch sogenannte Echokammern und Filterblasen verstärkt werden. Diese Mechanismen sorgen dafür, dass Nutzer:innen in ihren bereits bestehenden Überzeugungen bestätigt werden, wodurch sie resistenter gegenüber alternativen Sichtweisen und demokratischen Werten werden (vgl.Pfeiffer, 2020).

Diese Entwicklung führt zu einer zunehmenden politischen Polarisierung, die das Vertrauen in demokratische Institutionen untergräbt und gesellschaftliche Fragmentierung vorantreibt (vgl.Bennett & Livingston, 2018; Engesser et al., 2017). Daher ist die Analyse der Auswirkungen rechter Aktivitäten in Social Media auf die Gesellschaft und Politik von zentraler Bedeutung, um Gegenstrategien entwickeln zu können.

Angesichts der Bedrohungen, die Social Media für die Demokratie und die gesellschaftliche Kohäsion darstellen kann, ist es wichtig, Gegenstrategien zu entwickeln, die sowohl die Chancen der digitalen Welt nutzen als auch ihre Risiken minimieren. Es gibt eine Vielzahl von Maßnahmen, die ergriffen werden können, um den Missbrauch von Social Media durch extremistische Gruppen wie die Neue Rechte zu verhindern und den öffentlichen Diskurs zu stärken.

Förderung von Medienkompetenz

Ein zentraler Aspekt der Bekämpfung von Desinformation und extremistischen Inhalten ist die Förderung von Medienkompetenz. Nutzer:innen müssen in die Lage versetzt werden, Informationen kritisch zu hinterfragen und zwischen zuverlässigen und manipulativen Quellen zu unterscheiden. Besonders junge Menschen, die die Mehrheit der Social Media-Nutzer:innen ausmachen, sollten gezielt geschult werden, um die Mechanismen hinter den Plattformen und die Verbreitung von Fake News zu verstehen. Studien zeigen, dass die Entwicklung von Medienkompetenz das Vertrauen in die Demokratie stärkt und das Risiko verringert, in radikale oder extremistische Ideologien abzurutschen (vgl.Mihailidis & Viotty, 2017).

Ein Ansatz könnte sein, Medienkompetenz als festen Bestandteil des Lehrplans in Schulen und Universitäten zu etablieren, damit Schülerinnen und Schüler von klein auf lernen, wie sie mit digitalen Inhalten verantwortungsvoll umgehen. Diese Bildung sollte nicht nur den Umgang mit Informationen beinhalten, sondern auch die Auswirkungen von Social Media auf die Gesellschaft und die politische Landschaft thematisieren.

Förderung von Medienkompetenz bei Jugendlichen und Erwachsenen

Medienkompetenz lässt sich als die Fähigkeit definieren, digitale und analoge Medien reflektiert, kritisch und verantwortungsvoll zu nutzen. Sie umfasst verschiedene Dimensionen:

Kritische Analyse und Bewertung: Nutzer:innen müssen in der Lage sein, die Vertrauenswürdigkeit von Informationen zu hinterfragen und zwischen Fakten, Meinungen und Desinformation zu unterscheiden. Dies setzt ein Verständnis für journalistische Standards, die Mechanismen der Meinungsbildung und typische Manipulationstechniken voraus (vgl.Tariq, 2020).

Technisches Verständnis: Um sich sicher in der digitalen Welt zu bewegen, ist technisches Wissen notwendig. Dazu gehört, wie Algorithmen Inhalte priorisieren, wie Werbung und personalisierte Inhalte funktionieren und welche Daten durch die Nutzung von Plattformen gesammelt werden (vgl.Zengler, 2021).

Ethik und Verantwortung: Medienkompetenz geht über technisches Wissen hinaus und schließt den bewussten Umgang mit den eigenen Handlungen ein. Das bedeutet beispielsweise, dass sich die Konsequenzen des Teilens von Inhalten bewusst gemacht werden müssen und darauf geachtet werden sollte, ob man unwissentlich zur Verbreitung von Desinformation beiträgt (vgl.Binns, 2020).

Selbstschutz: Neben der Reflexion und Bewertung von Inhalten gehört auch der Schutz vor persönlichen Risiken zur Medienkompetenz. Dazu zählen das Vermeiden von Phishing, Cybermobbing und Datenschutzverletzungen sowie der Umgang mit den psychologischen Auswirkungen von Social Media, etwa durch bewusste Zeitnutzung (vgl.Anderson, 2022).

Medienkompetenz als Schutz vor extremistischen Inhalten

Rechtsextreme Akteure haben sich die Dynamiken von Social Media zunutze gemacht, um ihre Botschaften subtil und effektiv zu verbreiten. Zu ihren Taktiken gehören die gezielte Streuung von Fake News, die Verbreitung emotionalisierender Inhalte und die bewusste Verstärkung bestimmter Meinungen durch die Nutzung von Algorithmen (vgl.Gillespie, 2018). Medienkompetenz ist hier ein entscheidender Gegenmechanismus, um diesen Strategien entgegenzuwirken.

Desinformation erkennen und entschlüsseln: Extremistische Inhalte werden oft als scheinbar harmlose oder humorvolle Beiträge getarnt, die erst bei genauerer Betrachtung ihre manipulative Wirkung entfalten. Menschen mit einer hohen Medienkompetenz erkennen diese Strategien. Sie wissen, wie manipulierte Bilder oder Videos zu analysieren sind und wie Inhalte aus dem Kontext gerissen werden, um gezielt zu täuschen (vgl.Fraser, 2021).

Umgang mit emotionaler Manipulation: Rechtsextreme Akteure setzen gezielt auf Angst, Wut und Empörung, um ihre Inhalte zu verbreiten. Diese Emotionen verstärken die Wahrscheinlichkeit, dass ein Beitrag geteilt oder kommentiert wird. Menschen, die Medienkompetenz besitzen, können solche emotionalen Auslöser erkennen und sich bewusst gegen die Verbreitung entscheiden (vgl.Tariq, 2020).

Durchbrechen von Filterblasen und Echokammern: Algorithmen in sozialen Netzwerken neigen dazu, Inhalte zu priorisieren, die den alten Ansichten eines Nutzer:innens entsprechen. Das führt dazu, dass Menschen häufig nur eine einseitige Perspektive auf bestimmte Themen erhalten. Medienkompetenz hilft Nutzer:innen, ihre digitale Umgebung zu diversifizieren, indem sie gezielt nach alternativen Perspektiven suchen oder algorithmische Empfehlungen kritisch hinterfragen (vgl.Pariser, 2019).
Reflexion des eigenen Verhaltens: Extremistische Propaganda lebt davon, viral zu gehen. Nutzer:innen, die sich ihrer Rolle als Multiplikatoren bewusst sind, können verhindern, dass problematische Inhalte weiter verbreitet werden, indem sie kritisch prüfen, bevor sie teilen, kommentieren oder liken (vgl.Binns, 2020).

Obwohl die Bedeutung von Medienkompetenz unbestritten ist, gibt es zahlreiche Gründe für ihre Förderung. Eine zentrale Schwierigkeit liegt in der Komplexität moderner Plattformen. Viele Nutzer:innen verstehen die Funktionsweise von Algorithmen nicht, wodurch sie anfällig für die manipulativen Strategien extremistischer Akteure werden (vgl.Gillespie, 2018).
Zudem sind die Kenntnisse und Fähigkeiten im Umgang mit digitalen Medien sehr unterschiedlich verteilt. Ältere Menschen, die nicht mit dem Internet aufgewachsen sind, stehen oft vor größeren Hürden als jüngere Generationen. Gleichzeitig sind sozial benachteiligte Gruppen häufig schlechter informiert und daher anfälliger für manipulative Inhalte (vgl.Zengler, 2021).

Ein weiteres Problem ist die fehlende Infrastruktur zur Förderung von Medienkompetenz. Schulen und Bildungseinrichtungen sind oft nicht ausreichend mit Ressourcen ausgestattet, um Schüler systematisch auf die Herausforderungen der digitalen Welt vorzubereiten. Gleichzeitig fehlen flächendeckende Bildungsangebote für Erwachsene, die eine kontinuierliche Weiterbildung in diesem Bereich ermöglichen würden (vgl.Anderson, 2022).
Die schnelle Entwicklung der digitalen Welt stellt eine zusätzliche Schwierigkeit dar. Die Plattformen, Technologien und Taktiken ändern sich ständig, was eine ständige Anpassung und Aktualisierung der Bildungsinhalte erforderlich macht (vgl.Fraser, 2021).

Wie kann Medienkompetenz gefördert werden?

Es gibt verschiedene Ansätze, um die Medienkompetenz in der Gesellschaft zu stärken. Ein zentraler Hebel ist die Integration von Medienkompetenz in die allgemeine Bildung. Bereits in der Grundschule sollten Kinder lernen, digitale Medien kritisch zu nutzen, Fakten zu überprüfen und die Auswirkungen ihrer Online-Handlungen zu reflektieren (vgl.Binns, 2020).

Auch die Erwachsenenbildung spielt eine wichtige Rolle. Öffentliche Informationskampagnen, Workshops und Online-Kurse könnten dazu beitragen, digitale Fähigkeiten in der breiten Bevölkerung zu verbessern. Besonders gefährdete Gruppen sollten durch gezielte Programme unterstützt werden, um ihre Widerstandsfähigkeit gegenüber Desinformation und Propaganda zu erhöhen (vgl.Gillespie, 2018).

Zusätzlich müssen auch Technologieunternehmen in die Verantwortung übernommen werden. Plattformen wie Meta (ehemals Facebook), X (ehemals Twitter) und YouTube könnten durch Transparenzinitiativen und Aufklärungskampagnen einen Beitrag leisten, indem sie ihre Nutzer:innen über die Mechanismen hinter Algorithmen und die Gefahren von Desinformation informieren (vgl.Pariser, 2019).

Unabhängige Organisationen, die sich mit der Vermittlung von Medienkompetenz beschäftigen, spielen ebenfalls eine wichtige Rolle. Initiativen wie Fact-Checking-Dienste oder Projekte zur digitalen Aufklärung sollten finanziell und strukturell unterstützt werden, um ihre Reichweite zu erhöhen (vgl.Fraser, 2021).

Medienkompetenz als Schutzschild gegen digitale Gefahren

Medienkompetenz ist eine unverzichtbare Fähigkeit der heutigen Zeit. Sie bietet einen effektiven Schutz vor extremistischen Inhalten, Desinformation und den manipulativen Strategien von Akteur:innen, die soziale Medien nutzen, um ihre Ziele zu erreichen. Doch um ihre volle Wirkung zu entfalten, müssen Medien stärker in Bildungssystemen, politischer Initiativen und technologischen Entwicklungen verankert werden (vgl.Zengler, 2021).

Nur durch eine breite Förderung von Medienkompetenz können Menschen befähigt werden, digitale Medien reflektiert und verantwortungsvoll zu nutzen, und so die Gefahr verringern, dass extremistisches Gedankengut weitere Verbreitung findet. In einer digitalen Welt ist diese Fähigkeit nicht nur eine individuelle, sondern auch eine gesellschaftliche Notwendigkeit (vgl. Tariq, 2020).

Regulierung von Social Media-Plattformen

Neben der individuellen Verantwortung der Nutzer:innen ist es auch notwendig, dass Social Media-Plattformen stärker reguliert werden, um die Verbreitung von Hassrede, Fake News und extremistischen Inhalten zu bekämpfen. Plattformen wie Meta (ehemals Facebook), X (ehemals Twitter) und Instagram sind in der Vergangenheit wiederholt dafür kritisiert worden, zu wenig gegen Hassrede und Desinformation zu unternehmen. Ein Beispiel hierfür ist das Netzwerkdurchsetzungsgesetz (NetzDG) in Deutschland, das 2018 in Kraft trat und die Betreiber sozialer Netzwerke verpflichtet, rechtswidrige Inhalte wie Hassrede innerhalb von 24 Stunden zu löschen. Trotz seiner Kontroversen hat dieses Gesetz gezeigt, dass Regulierungen eine wichtige Rolle im Umgang mit problematischen Inhalten auf Social Media spielen können (vgl.Bundesministerium der Justiz, 2017). Allerdings gibt es auch Kritiker des NetzDG, die der Meinung sind, dass es zu einer Überregulierung führt und die Meinungsfreiheit einschränken könnte (vgl.Klein, 2020). Daher ist es wichtig, ein Gleichgewicht zu finden, das einerseits die Verbreitung von schädlichen Inhalten eindämmt und andererseits die freien und offenen Diskurse auf Social Media schützt. Internationale Zusammenarbeit und Standards könnten helfen, eine konsistente und faire Regulierung zu gewährleisten (vgl.Khan, 2021).

Stärkere rechtliche Rahmenbedingungen

Zu betonen ist auch die Notwendigkeit klarerer gesetzlicher Regelungen, insbesondere in Bezug auf alternative Plattformen wie Telegram. Während das Netzwerkdurchsetzungsgesetz (NetzDG) Fortschritte bei der Moderation von Inhalten auf Mainstream-Plattformen erzielt hat, bleibt die Regulierung von verschlüsselten Plattformen wie Telegram eine Herausforderung. Grenzüberschreitende Zusammenarbeit und internationale Standards könnten dazu beitragen, die Verbreitung extremistischer Inhalte effektiver zu bekämpfen (vgl.Ebner, 2020).

Verbesserung der Moderation extremistischer Inhalte

Eine der entscheidenden Maßnahmen im Umgang mit extremistischer Propaganda auf Social Media ist die Verbesserung der Moderation. Soziale Netzwerke müssen robustere Richtlinien zur Identifikation und Entfernung extremistischer Inhalte etablieren und konsequent umsetzen. Der Einsatz von Algorithmen zur Erkennung solcher Inhalte kann helfen, jedoch sollten auch menschliche Moderatoren eingebunden werden, um den Kontext zu verstehen und Fehlinterpretationen zu vermeiden. Dies ist besonders wichtig, da Algorithmen oftmals nicht in der Lage sind, den kulturellen oder politischen Kontext zu erkennen, der für die Identifikation von extremistischen Inhalten notwendig ist (vgl.Gillespie, 2018).

Sensibilisierung der Nutzer:innen

Ein weiterer wichtiger Ansatz ist die Sensibilisierung der Nutzer:innen hinsichtlich der Gefahren extremistischer Inhalte. Aufklärungsprogramme, die aufzeigen, wie rechtsextreme Gruppen Social Media nutzen, um ihre Botschaften zu verbreiten, könnten dazu beitragen, die Anfälligkeit von Nutzer:innen für solche Inhalte zu verringern. Solche Bildungsinitiativen sollten insbesondere in Schulen, Universitäten und durch staatliche Kampagnen gefördert werden. Ziel sollte es sein, Nutzer:innen für Manipulationstechniken und die Wirkung von Polarisierungsstrategien zu sensibilisieren und sie zu befähigen, Informationen kritisch zu hinterfragen (vgl.Hepp, 2019).

Hate Speech Monitoring

Hate Speech Monitoring bezeichnet die systematische Überwachung und Analyse von Hassrede, die in sozialen Medien und anderen digitalen Plattformen verbreitet wird. Ziel dieser Praxis ist es, Hasskommentare zu identifizieren, zu klassifizieren und gegebenenfalls zu melden, um eine schnelle Reaktion und Regulierung zu ermöglichen. Verschiedene Organisationen und Plattformen arbeiten mit Algorithmen und menschlichen Moderatoren, um die Verbreitung von Hassrede zu kontrollieren, die zu Gewalt oder Diskriminierung führen kann.

Zusammenarbeit zwischen Zivilgesellschaft und Social Media-Plattformen

Neben der Moderation und Aufklärung ist es entscheidend, zivilgesellschaftliche Initiativen zu unterstützen, die den demokratischen Diskurs fördern und ein Gegengewicht zu extremistischen Inhalten bilden. Programme wie das "No Hate Speech Movement" haben bereits gezeigt, wie durch aktive Aufklärung und die Schaffung eines Bewusstseins für die Risiken von Hassrede und Radikalisierung ein Widerstand gegen Extremismus aufgebaut werden kann (Council of Europe, 2020). Diese Initiativen spielen eine zentrale Rolle im Präventionsbereich und sollten verstärkt in Kooperation mit Forschungseinrichtungen, staatlichen Organisationen und Social Media-Unternehmen weiterentwickelt werden.

Eine engere Zusammenarbeit zwischen zivilgesellschaftlichen Organisationen und den Social Media-Plattformen ist notwendig, um problematische Inhalte effektiv zu bekämpfen. In diesem Kontext haben Initiativen wie "Counter Speech" gezeigt, dass der Dialog und die Auseinandersetzung mit extremistischen Inhalten anstelle von bloßer Zensur oder Blockierung ein produktiver Ansatz sein können. Social Media-Plattformen sollten in die Verantwortung genommen werden, klare und transparente Richtlinien zur Bekämpfung von Hassrede und extremistischen Inhalten zu veröffentlichen und ihre Moderationsprozesse offen zu legen.

Zusätzlich könnte die Einrichtung unabhängiger Aufsichtsgremien zur Überwachung der Moderationsprozesse helfen, die Implementierung dieser Richtlinien zu überprüfen und sicherzustellen, dass die Plattformen ihrer Verantwortung gerecht werden. Die aktive Beteiligung der Zivilgesellschaft in der Entwicklung und Überwachung dieser Strategien ist entscheidend, um ein ausgewogenes Verhältnis zwischen dem Schutz vor schädlichen Inhalten und der Wahrung der Meinungsfreiheit zu gewährleisten (vgl.Binns, 2020; Klein, 2020). Zivilgesellschaft bezeichnet den Teil der Gesellschaft, der außerhalb des Staates und des Marktes existiert und sich aus freiwilligen, nichtstaatlichen Organisationen und Initiativen zusammensetzt. Dazu gehören NGOs, soziale Bewegungen, religiöse Gruppen und andere Formen von freiwilligem Engagement. Eine aktive Zivilgesellschaft ist ein wesentlicher Bestandteil einer demokratischen Gesellschaft, da sie die Kontrolle der politischen Macht durch Bürgerbeteiligung und die Förderung von sozialer Verantwortung ermöglicht.

Technologische Entwicklungen und Zukunftsperspektiven

Die digitale Welt verändert sich rasant, und neue Technologien spielen eine zunehmend wichtige Rolle im gesellschaftlichen, politischen und kulturellen Leben. Für extremistische Gruppierungen, einschließlich der rechten Szene, eröffnen diese technologischen Entwicklungen nicht nur neue Chancen zur Verbreitung ihrer Ideologien, sondern auch erhebliche Risiken für die Gesellschaft. Gleichzeitig stehen Politik und Strafverfolgung vor Herausforderungen, da sich extremistische Inhalte und Strategien durch technologische Innovationen schneller entwickeln, verbreiten und neue verstecken können (vgl.Smith, 2022).

Im Folgenden werden technologische Trends wie Künstliche Intelligenz (KI), Blockchain, Virtual Reality (VR) und andere Technologien genauer untersucht, um ihre Bedeutung für extremistische Netzwerke sowie ihre potenziellen Gefahren und Chancen für die Gegenwehr aufzuzeigen.

Künstliche Intelligenz (KI) und Automatisierung

KI-gestützte Technologien gehören zu den einflussreichsten Entwicklungen der letzten Jahre und bieten zahlreiche Anwendungsmöglichkeiten, die von der Automatisierung bis hin zur Analyse großer Datenmengen reichen (vgl.Müller & Schröder, 2021). Doch diese Technologien können auch für rechtsextreme Zwecke genutzt werden.

Eine besonders bedenkliche Anwendung ist die automatisierte Erstellung von Inhalten. Mit Hilfe von KI-Tools wie Sprachmodellen oder Bildgeneratoren können extremistische Gruppen Propaganda in hoher Qualität und großem Umfang produzieren, darunter manipulative Texte, Videos oder Bilder. Diese Inhalte wirken professionell und sind häufig schwer als Fälschungen zu erkennen, was die Verbreitung von Fehlinformationen und Hassbotschaften erleichtert (vgl.Kaufmann & Schmidt, 2020).

Zudem ermöglicht KI personalisierte Propaganda. Durch die Analyse von Daten, die Nutzer:innen auf sozialen Plattformen hinterlassen, können rechtsextreme Akteure zielgerichtete Botschaften erstellen, die speziell auf die Interessen und Ängste bestimmter Gruppen zugeschnitten sind. Solche personalisierten Inhalte erhöhen die Wirksamkeit von Rekrutierungsversuchen und Radikalisierung (vgl.Müller & Schröder, 2021).

Ein weiteres Beispiel sind Botnetzwerke, die auf KI basieren. Bots können Diskussionen in sozialen Medien manipulieren, indem sie gezielt Hasskommentare posten, Diskussionen mit Falschinformationen überfluten oder Hashtags trenden lassen. Dadurch entsteht der Eindruck, dass rechtsextreme Meinungen weiter verbreitet sind, als sie es tatsächlich sind, was wiederum andere Nutzer:innen beeinflusst (vgl.O'Leary, 2021).

Deepfakes und die Manipulation von Medieninhalten

Deepfake-Technologien, die es ermöglichen, realistisch wirkende, aber vollständig gefälschte Videos oder Audioaufnahmen zu erstellen, stellen eine neue Dimension der Manipulation dar. Diese Technologie kann von rechtsextremen Gruppen genutzt werden, um politische Gegner zu diffamieren oder falsche Narrative zu verbreiten (vgl.Fraser & Tan, 2022).

Ein Deepfake-Video, das einen Politiker:innen zeigt, wie er extremistische Aussagen tätigt oder sich zu kontroversen Themen äußert, könnte großen Schaden anrichten und das Vertrauen in öffentliche Personen und Institutionen untergraben. Solche manipulativen Inhalte sind für Laien oft schwer zu entlarven, was ihre Wirkung verstärkt (vgl.Smith, 2022).

Darüber hinaus könnten Deepfakes dazu genutzt werden, Angst und Unsicherheit zu schüren. Inszenierte Inhalte, die beispielsweise Gewalt oder Chaos darstellen, könnten gezielt eingesetzt werden, um gesellschaftliche Spaltungen zu vertiefen und Misstrauen gegenüber etablierten Medien zu fördern (vgl.Kaufmann & Schmidt, 2020).

Web3, Blockchain und dezentrale Netzwerke

Die Entwicklung dezentraler Technologien wie Blockchain eröffnet extremistischen Gruppen neue Möglichkeiten, Inhalte zu verbreiten und ihre Aktivitäten zu organisieren, ohne dass zentrale Plattformbetreiber eingreifen können. Blockchain-basierte soziale Netzwerke oder andere zentrale Plattformen bieten nahezu uneingeschränkte Redefreiheit und sind schwer zu kontrollieren (vgl.Chen & Wang, 2023).

Ein Beispiel ist die dauerhafte Speicherung von Inhalten in Blockchain-Systemen. Rechtsextreme Propaganda könnte so archiviert werden, ohne dass sie von Plattformbetreibern gelöscht werden kann. Dies stellt eine erhebliche Herausforderung für die Regulierung extremistischer Inhalte dar (vgl.Fraser & Tan, 2022).

Auch Kryptowährungen spielen eine wichtige Rolle. Extremistische Gruppen nutzen Kryptowährungen, um anonym Geld zu sammeln und zu transferieren. Diese Technologie erschwert die Nachverfolgung von Finanzströmen und bietet neue Möglichkeiten der Finanzierung, beispielsweise für Propaganda oder gewaltsame Aktionen (vgl.Smith, 2022).

Augmented Reality (AR) und Virtual Reality (VR)

Mit dem Aufkommen von AR und VR eröffnen sich weitere Chancen für die Verbreitung rechtsextremer Inhalte. Virtuelle Realitäten könnten genutzt werden, um immersive Propaganda-Events zu gestalten oder sogar virtuelle Trainingslager zu schaffen, in denen Anhänger:innen geschult oder radikalisiert werden (vgl.Müller & Schröder, 2021).

AR-Technologien könnten verwendet werden, um rechtsextreme Symbole oder Botschaften in realen Umgebungen sichtbar zu machen. Solche Anwendungen könnten gezielt junge Menschen ansprechen, die offen für neue digitale Erlebnisse sind, und so zur Verbreitung extremistischer Ideologien beitragen (vgl.O'Leary, 2021).

Ein besonders großes Risiko liegt in der „Gamification" von Radikalisierung. Indem rechtsextreme Narrative in Spiele integriert werden, könnten diese Technologien genutzt werden, um auf spielerische Weise Ideologien zu vermitteln und eine Bindung zu extremistischen Gruppen aufzubauen (vgl.Chen & Wang, 2023).

Die beschriebenen technologischen Entwicklungen bringen erhebliche Risiken mit sich. Insbesondere die Geschwindigkeit, mit der neue Technologien entwickelt werden, überfordert häufig die Regulierung und Strafverfolgung. Während extremistische Gruppen neue Technologien schnell adaptieren, benötigen Behörden viele Jahre, um geeignete Gegenmaßnahmen zu entwickeln (vgl.Kaufmann & Schmidt, 2020).

Ein weiteres Problem ist der zunehmende Vertrauensverlust in Medien und Institutionen. Manipulative Inhalte, insbesondere Deepfakes, können dazu führen, dass Menschen zunehmend skeptisch gegenüber Nachrichten und politischen Akteur:innen werden, was die gesellschaftliche Spaltung vertieft (vgl.Fraser & Tan, 2022).

Trotz der Risiken bieten technologische Entwicklungen auch Möglichkeiten, extremistischen Aktivitäten entgegenzuwirken. KI kann beispielsweise zur erfolgreichen Erkennung extremistischer Netzwerke eingesetzt werden. Algorithmen könnten komplexe Muster analysieren, um die Verbreitung von Propaganda oder Hassreden zu verhindern (vgl.O'Leary, 2021).

Darüber hinaus ist die Förderung von Medienkompetenz entscheidend. Bildungskampagnen, die der breiten Öffentlichkeit zeigen, wie manipulative Inhalte erkannt und analysiert werden können, sind ein wichtiger Schritt, um die Wirkung rechtsextremer Propaganda zu verringern (vgl.Chen & Wang, 2023).

Internationale Kooperationen könnten ebenfalls eine Schlüsselrolle spielen. Länderübergreifende Abkommen zur Regulierung von Blockchain-Technologien oder Kryptowährungen könnten rechtsextreme Gruppen die Nutzung dieser Technologien erschweren (vgl.Müller & Schröder, 2021).

Technologische Entwicklungen sind ein zweischneidiges Schwert. Während sie neue Möglichkeiten für Bildung, Kommunikation und Innovation eröffnen, stellen sie auch eine erhebliche Herausforderung dar, insbesondere wenn sie von extremistischen Gruppen genutzt werden. Es ist entscheidend, dass Gesellschaft, Politik und Strafverfolgung diese Technologien nicht nur verstehen, sondern auch aktiv gestalten, um ihre negativen Auswirkungen zu minimieren (vgl.Smith, 2022). Ein integrativer Ansatz, der technologische Innovationen, Bildung und internationale Zusammenarbeit verbindet, wird notwendig sein, um zukünftige Bedrohungen effektiv zu bekämpfen und die neuen Chancen Technologien verantwortungsvoll zu nutzen.

Die vorgestellten Handlungsempfehlungen sind notwendig, um die Risiken der Social-Media-Nutzung zu kontrollieren und gleichzeitig die Plattformen für eine demokratische Kommunikation zu nutzen. Doch um die Verbreitung von extremistischen Strömungen langfristig zu bekämpfen, ist eine kontinuierliche Anstrengung von Gesellschaft, Politik und Technologieunternehmen erforderlich. Das abschließende Kapitel fasst die wichtigsten Erkenntnisse zusammen und bietet einen Ausblick auf die notwendigen Schritte, die unternommen werden müssen, um die Chancen von Social Media zu maximieren und ihre Risiken zu minimieren.

Fazit

Die Rolle von Social Media in der politischen Landschaft hat in den letzten Jahren sowohl Chancen als auch Risiken offengelegt. Während Plattformen wie Meta (ehemals Facebook), X (ehemals Twitter) und Instagram einerseits eine Demokratisierung der politischen Kommunikation ermöglichen und Bewegungen wie „Fridays for Future" und „#MeToo" den Weg geebnet haben, breite Gesellschaftsschichten zu mobilisieren und zu empowern, bergen sie andererseits erhebliche Gefahren. Die enorme Reichweite und Anonymität der digitalen Plattformen hat es Gruppen wie der „Neuen Rechten" ermöglicht, ihre Ideologien rasant zu verbreiten, Desinformation zu streuen und eine radikale, oft gewalttätige Gemeinschaft zu schaffen, die die gesellschaftliche Kohäsion untergräbt und die Demokratie gefährdet. Social Media hat sich so zu einem zweischneidigen Schwert entwickelt – einem Instrument, das gleichzeitig zur Förderung positiver sozialer Bewegungen wie auch zur Verbreitung extremistischen Gedankenguts genutzt wird.

Die digitale Kommunikation kann und sollte ein Werkzeug der Aufklärung und Partizipation bleiben. Doch um diese Chancen zu wahren, ist eine entschlossene und ganzheitliche Strategie erforderlich, die nicht nur die Risiken adressiert, sondern auch den konstruktiven Einsatz von Social Media fördert. Es ist unerlässlich, dass Gesellschaft, Regierung und Plattformbetreiber enger zusammenarbeiten, um den Missbrauch von Social Media durch extremistische Gruppen einzudämmen und gleichzeitig die positiven Aspekte der digitalen Kommunikation zu sichern. Dabei müssen Maßnahmen wie die Förderung von Medienkompetenz, die wirksame Regulierung von Social Media-Plattformen, die Stärkung der Zivilgesellschaft und die Unterstützung von Gegenbewegungen an vorderster Front stehen. Nur durch diese integrativen Ansätze kann sichergestellt werden, dass Social Media weiterhin ein Werkzeug für demokratische Teilhabe bleibt, das den Dialog fördert, anstatt ihn zu spalten.

Gleichzeitig müssen wir als Gesellschaft die Entwicklung und den Einfluss der „Neuen Rechten" auf Social Media weiterhin kritisch beobachten. Diese

Bewegungen nutzen die digitalen Möglichkeiten nicht nur zur Verbreitung von Ideologien, sondern auch zur strategischen Manipulation und zur Bildung von digitalen Gemeinschaften, die tief in die politische Realität unserer Gesellschaft eingreifen. Der Kampf gegen diese Entwicklung erfordert nicht nur technologische Lösungen, sondern auch eine kulturelle Auseinandersetzung mit den sozialen Dynamiken, die extremistische Inhalte begünstigen. Die Herausforderung besteht darin, eine Balance zu finden – zwischen der freien Meinungsäußerung und der Notwendigkeit, die Verbreitung von Hass und Desinformation zu bekämpfen. Nur so wird es möglich sein, die digitale Welt als ein gesundes und inklusives Werkzeug für politische Auseinandersetzungen und soziale Veränderungen zu bewahren, das die Demokratie stärkt, anstatt sie zu gefährden.

Quellenverzeichnis

Adams, J. (2005). The structure of right-wing extremist social networks and their impact on radicalization. Journal of Social Policy, 34(4), 519–540.

Ahmed, S. (2021). Combating Hate in Video Games: How Platforms Can Stop Online Extremism. Anti-Defamation League.

Arzheimer, K. (2015). The AfD: Finally a successful right-wing populist party for Germany? *West European Politics*, 38(3), 535-556. https://doi.org/10.1080/01402382.2015.1005080

Ayyadi, K. (2021). Die Macht der Inszenierung. Wie extrem rechte Influencerinnen online junge Menschen ködern. In *R (e)chte Männer und Frauen. Analysen zu Geschlecht und Rechtsextremismus*. Belltower.News. Abgerufen von https://www.belltower.news

Ayyadi, N. (2018). Das Bild des „Mannes" in der extrem rechten Szene. [Interview].

Ayyadi, N. (2020). Neurechte Netzwerke: Die Entwicklung der Identitären Bewegung und ihrer Einflussnehmer.

Bayer, J. (2020). The rise of visual propaganda in the digital age. Routledge.

Becker, J. (2020). The normalization of extremism: Gender and the spread of right-wing ideologies on social media. *Journal of Digital Politics*, 12(3), 125-140.

Beirich, H. (2014). The social networks of hate: Stormfront's growing role in radicalizing white nationalists. Southern Poverty Law Center.

Betz, H. G., & Meret, S. (2013). The radical right and the internet: A comparison of the US and Europe. *Journal of Political Ideologies*, 18(3), 243-265. https://doi.org/10.1080/13569317.2013.808529

Bliuc, A.-M., Faulkner, N., Jakubowicz, A., & McGarty, C. (2019). Online networks of racial hate: A systematic review of 10 years of research on hate speech and its effects. Current Sociology, 67(7), 940-958.

Boulianne, S. (2015). Social media use and participation: A meta-analysis of current research. *Information, Communication & Society*, 18(5), 524-538. https://doi.org/10.1080/1369118X.2015.1000029

Boulianne, S. (2019). Social media use and participation: A meta-analysis of current research. *Politics and Society*, 47(4), 537-572.

Bowman-Grieve, L. (2009). Exploring "Stormfront": A virtual community of the radical right. Studies in Conflict & Terrorism, 32(11), 989–1007.

Cadwalladr, C. (2018). The Cambridge Analytica files. *The Guardian*. https://www.theguardian.com/world/2018/mar/17/the-cambridge-analytica-files

Castells, M. (2012). *Networks of outrage and hope: Social movements in the internet age*. Polity Press.

Coester, M., Daun, A., Hartleb, F., Kopke, C., & Leuschner, V. (2023). *Rechter Terrorismus: international – digital – analog* (1st ed.).

Conway, M., & Dillon, L. (2020). Exploring the Role of the Online Video Game Industry in Extreme Right Radicalisation. Journal of Deradicalization, 24, 1–27.

Conway, M., Scrivens, R., & Macnair, L. (2019). Right-wing extremists' persistent online presence: History and contemporary trends. International Centre for Counter-Terrorism, 10(1), 1-26.

Council of Europe. (2020). No Hate Speech Movement. https://www.no-hate-speech.org

Daniels, J. (2009). Cyber Racism: White Supremacy Online and the New Attack on Civil Rights. Rowman & Littlefield.

Dauber, C. E., Robinson, B. A., Baslious, J. & Champagne, M. (2019). The language of ISIS: Narrative, rationality, and tone. The Hague Centre for Strategic Studies. https://hcss.nl

de Koster, W., & Houtman, D. (2008). "Stormfront is like a second home to me": On virtual community formation by right-wing extremists. Information, Communication & Society, 11(8), 1155–1176.

Ebner, J. (2020). *Going dark: The secret social lives of extremists*. Bloomsbury.

Ebner, J. (2020). The nature of extremism in encrypted platforms: Lessons from Telegram. *Journal of Digital Security*, 12(3), 45-59.

Enli, G. (2017). X (ehemals Twitter) as arena for the authentic outsider: Donald Trump and the 2016 US presidential election. *New Media & Society*, 19(2), 273-290. https://doi.org/10.1177/1461444816681945

Fielitz, M., & Albrecht, S. (2020). Right-wing extremism online: Social media and the spread of hate. Journal of Cyber Policy, 4(2), 195–214.

Fielitz, M., & Marcks, H. (2020). Right-wing extremism online: Social media and the spread of hate. Journal of Cyber Policy, 4(2), 195–214.

Fizek, S., & Dippel, A. (2020). Gamified terrorism: Gaming, gamification and right-wing extremism. In T. Burkart (Ed.), Digitalization, game-based learning and the gamification of society (pp. 79-94). Springer.

Flaig, P. (2018). Multiplayer at its best: Wie die Bundeswehr auf der Gamescom um Nachwuchs wirbt. Frankfurter Allgemeine Zeitung. https://faz.net

Frenett, R., & Dow, M. (2020). Online hate: From the far-right to the "alt-right" and beyond. Journal of Hate Studies, 17(1), 45-68.

Fulterer, R., da Silva, G., & Wolf, P. (2024). Machen Algorithmen Außenseiter zu Terroristen? Wie sich Jugendliche online radikalisieren. Neue Zürcher Zeitung. https://www.nzz.ch/technologie/machen-algorithmen-aussenseiter-zu-terroristen-wie-sich-jugendliche-online-radikalisieren-ld.1845842

Futrell, R., & Simi, P. (2004). Free spaces, collective identity, and the persistence of U.S. white power activism. Social Problems, 51(1), 16-42.

Gillespie, T. (2018). Algorithmic regulation and moderation of extremist content. Media, Culture & Society, 40(4), 635-652.

Graham, M. (2020). Algorithms and the politics of the internet. Cambridge: MIT Press.

Greene, M. (2021). Extremism and the politics of influence: Strategies of the new right. Routledge.

Hansen, D. (2022). Die neue Rechte: Feminismus und Geschlechterpolitik in extrem rechten Netzwerken.

Häusler, A. (2018). Die AfD und die soziale Frage. Springer VS.

Häusler, A. (2018). Rechtsrock und subkulturelle Rekrutierung. Springer VS.

Heitmeyer, W. (2018). Die Rechte als Bewegung der Konservativen Revolution. Springer.

Hepp, A. (2019). Education against radicalization: Social media and its role in fostering civic awareness. Educational Studies, 45(2), 98-115.

Hollander, A. (2021). *Digital extremism: The new face of far-right activism*. Sage Publications.

Holt, T. J., Freilich, J. D., & Chermak, S. M. (2020). Examining the Online Expression of Ideological Extremism. Terrorism and Political Violence, 32(3), 505-524. https://doi.org/10.1080/09546553.2017.1364635

Jaschke, H. G. (2012). *Rechtsextremismus*. Springer-Verlag.

Kemmesies, U. (2006). Extremismus als gesellschaftliches Problem. In Fachstelle für Gewaltprävention (Ed.), *Extremismus und Radikalisierung: Eine Einführung* (S. 11). Verlag für Sozialwissenschaften.

Khan, R. (2021). Global standards for social media regulation: A comparative analysis. *International Journal of Digital Policy*, 8(1), 72-89.

Klein, A. (2022). Frauen in der rechten Szene: Ideologische Vermittlung im digitalen Zeitalter. *Zeitschrift für politische Kultur*, 18(2), 88-101.

Klein, M. (2018). The impact of social media on political participation. *Harvard University Press*.

Klein, M. (2020). The effects of overregulation on free speech in social media. *Social Media Studies*, 5(2), 34-49.

Koehler, D. (2016). Right-Wing Extremism and Terrorism in Europe: Current Developments and Issues for the Future. Springer.

Kreuger, C., & Snyder, M. (2019). From Keyboard Warriors to Violent Extremists: The Role of Video Games in Radicalization. Journal of Digital Culture, 7(2), 155–172.

Küntzel, D. (2019). *Populismus und Nationalismus in der Neuen Rechten*. Suhrkamp.

Lauer, B. (2017). Rechte Frauen und ihre Medienstrategien: Vom „Reconquista" bis zu „Lukreta".

Lazer, D., Baum, M., Benkler, Y., Berinsky, A., Greenhill, K., Menczer, F., & Wilson, C. (2018). The science of fake news. *Science*, 359(6380), 1094-1096. https://doi.org/10.1126/science.aap9559

Malthaner, S. (2017). Dynamics of Terrorist Violence: Political Violence as Interaction. Routledge.

Mayer, M., Lehnert, E., Bringt, F., & Warrach, N. (2023). Beratung zu Rechtsextremismus und Demokratiegefahrdung: Konzepte – Herausforderungen – intersektionale Perspektiven.

Mihailidis, P., & Viotty, S. (2017). Media literacy and the challenge of fake news. *Journal of Media Literacy Education*, 9(3), 1-9. https://doi.org/10.23860/JMLE-2017-09-03-01

Miller, V. (2019). The #MeToo Movement: Social Media, Feminism, and Social Justice. *Feminist Media Studies*, 19(4), 540-558.

Miller-Idriss, C. (2020). *Hate in the homeland: The new global far right*. Princeton University Press.

Miller-Idriss, C. (2020). *The extreme gone mainstream: Commercialization and far-right youth culture in Germany*. Princeton University Press.

Mudde, C. (2016). *The populist radical right: A pathological normalcy*. Routledge.

Mudde, C. (2019). *The far right today*. Polity Press.

Müller-Teusler, S., & Gaus, D. (2023). *Rechtsextremismus: erkennen – enthüllen – entgegnen*.

Nagle, A. (2017). *Kill all normies: Online culture wars from 4chan and Tumblr to Trump and the alt-right*. Zero Books.

Niemeyer, C. (2023). Die AfD und ihr Think Tank im Sog von Trumps und Putins Untergang: Eine Analyse mit Denk- und Stilmitteln Nietzsches.

Pew Research Center. (2020). The future of digital extremism: Opportunities and challenges. Washington, D.C.: Pew Research Center.

Pilkington, H. (2021). Fashioning nationalism: Clothing and identity in far-right movements. *Contemporary Political Sociology*, 14(3), 290-312. https://doi.org/10.1080/13569775.2021.1877072

Richardson, L. (2006). What terrorists want: Understanding the enemy, containing the threat. Random House.

Sieber, A. (2020). Radikale Netzwerke: Die neuen Strukturen des Rechtsextremismus in Deutschland. Transcript.

Slavros, A. (2015). IronMarch 2015-2016 goals. Internet Archive.

VBRG – Verband der Beratungsstellen für Betroffene rechter, rassistischer und antisemitischer Gewalt e.V. (2020). Bericht zu rechtsterroristischen Taten. https://vbrg.de

Virchow, F. (2010). Performative militancy: Fascist skinheads and the aesthetic of violence. Journal of Hate Studies, 8(1), 55-82.

Waldmann, P. (2011). Terrorismus: Provokation der Macht. Murmann.

Waldmann, P., & Malthaner, S. (2012). Terrorismus und radikale Milieus. Suhrkamp.

Weimann, G., & Masri, N. (2021). The Dangerous Link Between Gaming and Far-Right Extremism. Middle East Institute.

Die Autorin

Zoe Mittag, geboren 1999, Sozialpädagogin. Nach ihrem Abschluss an der Carl von Ossietzky Universität Oldenburg arbeitete sie in der Erwachsenenbildung und betreute unter anderem auch Opfer häuslicher Gewalt. Im Jahr 2024 entschied sie sich beruflich neu zu orientieren, um sich verstärkt der Bildung junger Erwachsener und Jugendlicher zu widmen. Angesichts ihrer Beobachtungen und Begegnungen mit Rechtsextremis auf social Media und den Inhalten, die gezielt junge Menschen ansprechen sollen, beschloss sie, diese in einem Buch festzuhalten.

„Hinter verschlossenen Türen: Auswirkungen der Pandemie auf häusliche Gewalt in Deutschland"

von Zoe Mittag

Tauche ein in die dunklen Seiten der Pandemie. In die erschreckenden Realitäten, wo viele während der Corona-Pandemie hinter geschlossenen Türen ausgeliefert waren. Während die Welt mit dem Virus kämpfte, wurde häusliche Gewalt für unzählige Betroffene zur stillen Krise – unsichtbar, aber verheerend.

Ein Weckruf, der nicht ignoriert werden kann
Dieses Buch deckt die Dynamiken auf, die durch die Pandemie verschärft wurden: Isolation, Stress und wirtschaftliche Unsicherheiten, die eine gefährliche Umgebung für Opfer häuslicher Gewalt schufen.

Ein Buch, das lange nachhallt – denn Schweigen oder Vergessen ist keine Lösung.